DOMINIQUE
NOGUEZ

LENIN
DADA

ESSAY

Herausgegeben und – in Zusammenarbeit
mit Patrick Straumann – aus dem Französischen
übersetzt von Jan Morgenthaler

Limmat Verlag
Zürich

Im Internet
› Informationen zu Autorinnen und Autoren
› Hinweise auf Veranstaltungen
› Links zu Rezensionen, Podcasts und Fernsehbeiträgen
› Schreiben Sie uns Ihre Meinung zu einem Buch
› Abonnieren Sie unsere Newsletter zu Veranstaltungen
und Neuerscheinungen
www.limmatverlag.ch

Das *wandelbare Verlagsjahreslogo* auf Seite 1 zeigt im 40. Jahr des
Limmat Verlags ägyptische Hieroglyphen – griechisch so viel
wie «heilig Eingeritztes» –, die Zeichen der ältesten ägyptischen
Schrift, die um 3200 v.u.Z. entstand und bis ca. 300 u.Z. verwendet wurde. Sie besteht aus Bild-, Laut- und Deutzeichen und
wuchs von ungefähr 700 im Alten Reich auf über 6000 in der
Ptolemäerzeit.

Umschlagbild: Collage mit dem Tristan Tzara zugeschriebenen
Manuskript des Gedichts «Arc» und der Zeichnung zweier Kirschen
aus «Le Coeur à gaz» von Tzara.

Typographie und Umschlaggestaltung von Trix Krebs

Edition originale: Lénine dada
© 2007 by le dilettante, Paris

Alle deutschen Rechte vorbehalten
© 1990, 2015 by Limmat Verlag, Zürich
ISBN 978-3-85791-797-4

ZUM GELEIT

Dada hat eine kleine Nase nach russischem
Aussehen.
FRANCIS PICABIA[1]

Dadaist sein kann unter Umständen heissen,
mehr Kaufmann, mehr Parteimann als Künstler
sein – nur zufällig Künstler sein.
RICHARD HUELSENBECK[2]

Ja, gewisse Reflexionen Lenins haben
tatsächlich alle Züge dessen, was man «Pluralis-
mus» (…) genannt hat.
LOUIS ALTHUSSER[3]

Lenin (…) dachte in anderen Köpfen,
und auch in seinem Kopf dachten andere.
BERTOLT BRECHT[4]

(

I

EINE BRISANTE OFFENBARUNG

Die aussergewöhnliche Tatsache, dass Lenin und die ersten Dadaisten 1916 in Zürich während mehrerer Monate wie zufällig nebeneinander lebten und wirkten, ist lange Zeit ganz und gar unbeachtet geblieben. Vonseiten Lenins oder seiner Nächsten kein Wort. Nichts in der publizierten Korrespondenz.[5] Seine Lebensgefährtin Nadeschda Krupskaja, die in ihren *Erinnerungen an Lenin* nicht mit präzisen Einzelheiten ihres Wohnortes an der Spiegelgasse und ihrer Umgebung geizt, scheint überhaupt nicht zu wissen, dass in ebendieser «kleinen engen Gasse»,[6] nur wenige Meter entfernt, das Cabaret Voltaire untergebracht war. Nichts auch bei den wichtigsten Biografen.[7] Wir müssen auf die Studie des Historikers Willi Gautschi *(Lenin als Emigrant in der Schweiz)* und die romanhafte Rekonstruktion von Alexander Solschenizyn *(Lenin in Zürich)* warten, um – mehr als ein halbes Jahrhundert nach dem Ereignis – auch nur die schlichte Erwähnung des Cabarets im Zusammenhang mit dem berühmten Mann zu finden:

Etwas weiter entfernt, an der Münstergasse, liegt die «Meierei», wo sich das Cabaret Voltaire befand, in dem Anfang Februar 1916 der Dadaismus seine Geburtsstunde erlebte.[8]

– und überdies, im zweiten Fall, ohne Dada überhaupt zu erwähnen:

> Auf eben dieser Strasse begleitet Willi [Münzenberg] seinen Lehrer [Lenin] in die Richtung, wo das Cabaret «Voltaire» ist, in dem die jungen Bohemiens ihre Nächte durch toben ...[9]

Die Dadaisten sind kaum gesprächiger. Im Tagebuch von Hugo Ball, publiziert 1927, finden wir die früheste Erwähnung dieser Nachbarschaft, allerdings als Eintrag vom 7. Juni 1917, das heisst erst mehrere Monate nach der Abreise Lenins. Der Eintrag liest sich weniger als direktes Zeugnis denn als eine nachträgliche Entdeckung:

> Mogadino, 7. VI. [1917]
> Seltsame Begebnisse: während wir in Zürich, Spiegelgasse 1, das Kabarett hatten, wohnte uns gegenüber in derselben Spiegelgasse, Nr. 6, wenn ich nicht irre,* Herr Ulianow-Lenin. Er musste jeden Abend unsere Musiken und Tiraden hören, ich weiss nicht, ob mit Lust und Gewinn. Und während

---

*   Er irrt sich: Es war die Nr. 14 (siehe folgende Fussnoten).

Abb. 1: Linkes Bild: Münstergasse in Zürich. Rechts die Spiegelgasse mit Eckhaus Nr. 1, wo das Cabaret Voltaire eröffnet wurde (Foto: Baugeschichtliches Archiv der Stadt Zürich). Rechtes Bild: Spiegelgasse Nr. 14, in welchem Lenin wohnte, was auch durch die Schrifttafel zwischen erstem und zweitem Stockwerk angezeigt wird (Foto: Schweizerisches Sozialarchiv Zürich).

wir in der Bahnhofstrasse die Galerie eröffneten, reisten die Russen nach Petersburg, um die Revolution auf die Beine zu stellen.[10]

Ebenso einfach stellt das Georges Hugnet und später Hans Richter fest. Georges Hugnet, der kein direkter Zeuge war, ist auch der entschiedenste in seinem Urteil:

> Das Cabaret befand sich an der Spiegelgasse 1. Lenin wohnte zusammen mit seiner Frau Krupskaja im Haus Nr. 12 derselben Strasse.* Lenin pflegte im Café Terrasse Schach zu spielen, einige Dadaisten ebenfalls. Sie ignorierten sich aufs herzlichste.[11]

Lesen wir aber bei Richter nach, so ist dies dennoch ganz ungewiss. Wenn auch er, der Maler, sich in der Adresse von Lenin irrt, so war er damals immerhin in Zürich und hat ihn gesehen:

> Das Cabaret Voltaire spielte und radaute in der Spiegelgasse Nr. 1. Schräg gegenüber, in der Spiegelgasse Nr. 12, in demselben Engpasse also, in dem das Kabarett nächtlich seine Gesangs-, Gedichts- und Tanzorgien aufführte wohnte Lenin.** – Radek,

---

* Auch er irrte sich (siehe folgende Fussnote).

** Tatsächlich wohnte Lenin im Haus Nr. 14. In einem Brief (Brief Nr. 257, Werke Bd. 37) gibt Lenin als Adresse zwar die Spiegelgasse 12 an, doch sehr bald korrigiert er sich: Spiegelgasse 14^{II} (Briefe Nr. 259, 260, 261), später kurz und bündig: Spiegelgasse 14 (Briefe Nr. 262, 263 in Bd. 37). In seinem *Lenin als Emigrant in der Schweiz,* Tafel XXVIII, zeigt auch Willi Gautschi die Fassade des Hauses «Spie-

Lenin, Sinowjew durften frei herumlaufen. Ich habe Lenin in der Bibliothek mehrmals gesehen und ihn auch einmal in Bern in einer Versammlung sprechen hören. Er sprach gut Deutsch.[12]

Gewiss, Hans Richter gelangte wahrscheinlich frühestens Ende Juni 1916 in die Schweiz und kam nach eigener Aussage[13] erst am 15. September 1916 in Kontakt mit dem, was sich bereits «Dada» nannte. Halten wir aber noch einmal fest, dass Richter in diesem Augenzeugenbericht zugibt, Lenin gekannt und gehört zu haben, und sei es nur von weitem.

Richard Huelsenbeck, der am 26. Februar zum Cabaret Voltaire stösst,* gibt uns 1972 eine kostbare Information, wenn auch in zweifelhafter Form:

gelgasse 14». Jedenfalls können Neugierige diese Tatsache heute noch verifizieren anhand der Schrifttafel, die die Zürcher Behörden unter dem Fenster des von Lenin und Krupskaja bewohnten Zimmers angebracht haben.

---

* Dies bestätigen sowohl Hugo Ball bereits am 15. Mai 1916 im Vorwort zur Sammlung *Cabaret Voltaire* (faksimiliert in: Hans Richter, *Dada – Kunst und Anti-Kunst*, a.a.O., S. 13) als auch Tristan Tzara in seiner «Chronique zurichoise 1915–1919» im *Dada Almanach* (a.a.O., S. 11). Es wurden jedoch noch zwei weitere Ankunftsdaten vorgeschlagen. Nämlich der 11. Februar 1916, ebenfalls von Ball, aber diesmal in seinem Tagebuch *Die Flucht aus der Zeit* (a.a.O., S. 72), das erst elf Jahre später publiziert wurde («Huelsenbeck ist angekommen. Er plädiert dafür, dass man den Rhythmus verstärkt …»).

Von Lenin hörten wir sehr wenig – sie sagten, er sei einmal ins Cabaret gekommen –, ich sah ihn nie. Ich weiss nicht einmal, wie er aussieht.[14]

Diese Information wird vom Kunstkritiker Hans J. Kleinschmidt bestätigt. In seinem Vorwort zu Huelsenbecks *Memoirs of a Dada Drummer* entschlüpft ihm jedoch noch eine andere Information, deren Bedeutung uns schon bald im umfassenden Sinn klar werden wird:

Arp, Ball und Huelsenbeck sind Lenin nie begegnet, wohingegen Tzara später gegenüber Freunden in Paris erzählte, er habe mit ihm «Ideen ausgetauscht» …[15]

Der Schweizer Historiker Sergius Golowin unterstreicht 1966 also durchaus zu Recht die Tatsache, dass sich «zumindest rein geografisch» der Dadaismus und der Bolschewismus «berührten».[16] Aber es kommt noch besser. Es gibt ein anderes Zeugnis, wie jenes von Richter aus erster Hand, doch darüber hinaus von jemandem, der vor Richter, ja selbst noch vor Huelsenbeck,

Unter «Huelsenbeck» taucht im «Personenregister» am Ende des Bandes *Briefe* (1911–1927) von Hugo Ball sogar das Datum des 8. Februar auf; möglicherweise verdanken wir dies Annemarie Schütt-Hennings (Einsiedeln, Zürich, Köln, Benziger Verlag, 1957, S. 310): «Kam auf Aufforderung von Hugo Ball am 8. Februar 1916 nach Zürich, kurz nach der Gründung des ‹Cabaret's [sic] Voltaire› …»

nämlich seit dem 5. Februar 1916, dem Tag der Eröffnung, im Cabaret Voltaire anwesend war: Es ist jenes des rumänischen Malers Marcel Janco. Wir wundern uns nur, dass es unbemerkt geblieben sein soll, verloren in einem 1957 publizierten Gemeinschaftswerk, und dass noch niemand die ausserordentliche Information, die es in seinem zehnten Paragrafen birgt, enthüllt hat:

> [Das Cabaret Voltaire] war der Treffpunkt der Künste. Hier trafen sich Maler, Studenten, Revolutionäre, Touristen, internationale Betrüger, Psychiater, die Halbwelt, Bildhauer und nette Spione auf der Suche nach Informationen. Im dichten Rauch, inmitten von Rezitationen oder Volksliedern erschien plötzlich das eindrucksvolle mongolische Gesicht Lenins, umgeben von seiner Gruppe, oder Laban, der grosse Tänzer mit dem assyrischen Bart.[17]

Lenin, und umgeben von einer Gruppe! Welch wundervolle Offenbarung mit unabsehbaren Folgen! Also begnügt sich der zukünftige Führer der sowjetischen Revolution nicht damit, Nachbar des Cabaret Voltaire zu sein, *er betritt es!* Auch gibt er sich nicht damit zufrieden, zu Hause die undeutlichen Geräusche der Dada-Soireen zu hören: *Es zieht ihn hinein!* Mehr noch – und es sei uns die starke Wirkung einer solchen Feststellung

verziehen –, *er macht mit!* Dies wenigstens ist die Schlussfolgerung, die, wie auch wir, alle Gutgläubigen zwin-
gend ziehen müssen, sofern sie bereit sind, das Bündel
Tatsachen, das wir im Folgenden zur Sprache bringen
werden, mit Geduld und Sachlichkeit zu prüfen.

II

WLADIMIR ULJANOWS SCHWÄCHE
FÜRS CABARET

Eine Bemerkung zunächst: Was Janco wie beiläufig offenbart hat, dürfte diejenigen, die mit der Lebensgeschichte Lenins vertraut sind, nicht überraschen. Wladimir Uljanows Schwäche fürs Cabaret hat ihren Ursprung nicht erst im Jahr 1916. Die durchaus verständliche Verschwiegenheit von Historikern oder Zeugen desselben politischen Lagers, wie auch jene des Betroffenen selbst in seiner Korrespondenz, konnte nicht verhindern, dass einige präzise Hinweise durchgesickert sind. Krupskaja verrät uns schon viel, wenn wir sie nur richtig zu lesen wissen. Die 1901 bis 1902 in München verbrachte Zeit etwa blieb dem revolutionären Paar, wie sie schreibt, «stets in angenehmer Erinnerung». Schamhaft versucht sie, «die harmlose Fröhlichkeit zu erklären, mit der wir uns auf dem Karneval amüsierten, und jene übermütige Laune, die allerseits (…) herrschte».[18] Ein wenig später, in London, treibt sein Gefallen an der Arbeiterklasse Wladimir Iljitsch gar so weit, sich überall dorthin zu begeben, «wo er die Massen traf: ins Freie, (…) *in die Trinkhallen* …».[19] Zudem verrät sie uns an anderer Stelle, dass Lenin den Gesang liebt:

In Paris begeisterten wir uns, wie ich mich erinnere, eine Zeit lang für das französische revolutionäre Chanson. Wladimir Iljitsch schloss Bekanntschaft mit Montéhus, einem ausserordentlich talentierten Verfasser und Sänger revolutionärer Lieder.[20]

Das Ehepaar geht an die entlegensten Orte, um den Sänger zu hören. Aline, ein Zeitzeuge, schildert die erste Begegnung:

> Nach der Vorstellung von Montéhus verschwand Lenin. Wir suchten ihn im Saal, aber er war nicht mehr da. Wir erfuhren, dass er hinter den Kulissen Bekanntschaft mit dem Chansonnier geschlossen hatte. Im Laufe ihrer Unterhaltung begeisterten sie sich derart füreinander, dass sie, ohne es zu merken, bis vier Uhr morgens blieben.[21]

Diese «Begeisterung», die uns einen nachtschwärmerischen Lenin offenbart, führte sogar zu einer Einladung: «Montéhus», schreibt Krupskaja, «kam einmal an einer unserer russischen Soireen singen.»[22] (Man merke sich den Ausdruck.) Fahren wir fort: In Brüssel fand im Juli/August 1903 der zweite Parteitag der Sozialdemokratischen Arbeiterpartei Russlands statt. Krupskaja berichtet:

Die Delegierten schlugen im «Goldenen Hahn» ihr lärmendes Quartier auf, und Gussew [Delegierter der Don-Region] sang abends, wenn er ein Gläschen Kognak getrunken hatte, mit so mächtiger Stimme Opernarien, dass sich unter den Fenstern des Gasthofes eine Menge ansammelte. Wladimir Iljitsch liebte Gussews Gesang sehr. Besonders gern hörte er das Lied *«Nicht in der Kirche sind wir getraut»*.[23]

Bei seinem Biografen Jean Jacoby lesen wir, dass sich der berühmte Mann nicht damit begnügte, zuzuhören:

... während der Kongress-Arbeiten isolierte sich die Gruppe von Lenin; abends versammelte man sich in einem Kaffeehaus, wo die lärmende Bande mit ihrem Heisshunger, ihrem Lachen und ihren Gesängen die Stammgäste in Staunen versetzte. Der Russe ist Musiker aus Instinkt; er hat das Bedürfnis, seine Empfindungen lyrisch auszudrücken. Es brauchte sich nur eine Melodie zu erheben, ein Motiv, und sei es kaum hörbar, von weit entfernt, die Diskussionen verstummten, die Gesichter veränderten ihren Ausdruck je nach Laune der Musik. *Und so sang man im Chor ...*[24]

Ein weniger schönfärberisches, dafür ernsthafteres Bild zeichnet sein Bruder Dmitri, wenn er uns dessen Freude am Singen – allein oder in der Gruppe – bestätigt. Sie kam wahrscheinlich von der Mutter, denn sie «liebte das Klavierspiel sehr. Sie musizierte und sang viele alte Lieder und Romanzen.»[25] «In den Jahren 1888 bis 1890», präzisiert Dmitri Uljanow, «sang Wladimir Iljitsch oft mit Olga [seiner Schwester] zum Klavier»; und er fährt fort, Lenins Lieblingslieder – darunter das berühmte Kriegslied von Valentin aus dem *Faust* von Gounod – aufzuzählen.[26] Ebenso berichtet uns Krupskaja, wie sie und Lenin einige Jahre später während des Exils in Sibirien, wo sie ihn wirklich kennenlernt, mit einigen Freunden zusammen heitere Lieder in «Russisch, dann (...) auf Polnisch» anstimmen.[27] Und in Paris, so erzählen André Beucler und Grégoire Alexinsky, habe der für Montéhus schwärmende Lenin keine Gelegenheit verpasst, «in den Refrain des Saales einzustimmen».[28]

Wie hätte dieser in Gesang und herzliches Beisammensein vernarrte Mann sich denn auch um den Genuss von häufigen Cabaret-Besuchen bringen können, zumal in einer Stadt wie Paris, wo solche in Hülle und Fülle vorhanden sind? Jean Fréville hat sich wie viele Historiker oder Geschichtsschreiber, die der Kommunistischen Partei nahestehen, Mühe gegeben, uns in seinem *Lénine à Paris* davon zu überzeugen, dass Wladimir Iljitsch die literarische und künstlerische Boheme des Montparnasse gemieden hätte und dass bei ihm im Allgemeinen «die Zerstreuungen, wo andere sich zu vergessen suchen», kaum Anklang fanden.[29] Ärgerlich ist nur, dass eine Reihe zeitgenössischer Schilderungen genau das Gegenteil belegen. Es sind da zuerst die eingeschobenen Bemerkungen von Lise de K. zu erwähnen, die Lenin von 1905 bis 1914 kannte – und, so scheint es, sehr intim –, Bemerkungen, die von Beucler und Alexinsky gesammelt und kommentiert worden sind. Mit der Zeit, so erfahren wir da, habe Lenin

> die Bibliothèque nationale immer seltener besucht und es stattdessen vorgezogen, in Gesellschaft Kamenews, Sinowjews und anderer oder, falls es Pariser waren, mit Rykow und Schuljatikow, dem Säufer der Bande, Bier trinken zu gehen. (…) Er hätte Museen und Konzerte besuchen und in künstlerischen Kreisen verkehren können, aber er bevorzugte Fabriken, *Kaffeehäuser* und die Vorstädte.[30]

Vor allem aber gibt es diese «Nacht im Rabelais», von der Franz Toussaint in einem Kapitel seines *Lénine inconnu* so mitreissend berichtet, aufgrund von Notizen, die er sich, wie er sagt, unmittelbar nach dem Ereignis gemacht hat. Ereignis in der Tat für den Erzähler, der Lenin (er wohnte damals – im Sommer 1911 – in Longjumeau) völlig überraschend in einem Pariser Etablissement begegnet ist:

Lenin im Rabelais, diesem grossen Nachtlokal, dessen Champagner so miserabel ist wie die zwei Orchester! Vabre [der gemeinsame Freund, der den Autor eingeladen hat] hätte mich wahrscheinlich weniger ins Staunen versetzt, wenn er mir mitgeteilt hätte, der Erzbischof von Paris wäre im Tabarin und der Präsident der Republik ginge kommenden Sonntag in Lourdes zum Abendmahl. (…) Lenin, in einer dieser Spelunken, wo Greise, ein Papphut auf dem Kopf, mit Papierschlagen um sich werfen und satten Affen gleich rülpsen! Lenin, betäubt von amerikanischen Trompeten, angeekelt von argentinischen Tangos, angerempelt von Tänzern und umworben von Mädchen![31]

Ein Wunsch trieb den zukünftigen Chef der sowjetischen Revolution an diesen so besonderen Ort, er wollte einen Georgier wiedersehen, den er zur Zeit seiner Gefangenschaft in Samara gekannt und der ihm damals Dienste erwiesen hatte. Dank diesem Georgier, den das Schicksal nach Paris verschlagen hatte, wo er als Kellermeister eine Anstellung fand – und heimlich die Etiketten wechselt –, konnten Lenin und seine Freunde «Mumm extra-sec» zum Preis eines gewöhnlichen Fusels trinken. Die drei Gäste entkorken eben ihre vierte Flasche und kommen auf jenen Schriftsteller zu sprechen, dessen Name dem Cabaret als Aushängeschild dient – eine Art Hommage, wie sie Hugo Ball in Zürich, 1916, spontan wiederfinden wird! –, da antwortete Lenin auf die Frage, ob er Rabelais liebt, welch Zufall (oder welch Vorahnung!), mit folgenden Worten:

> Ja und nein. Aber eher ja. (…) Er hat Voltaire den Weg bereitet. Rabelais und Voltaire sind eure besten «Jahrgänge»![32]

Apropos Wein, hier sei noch geschildert, wie der Abend – immer gemäss den Notizen von Franz Toussaint – zu Ende gegangen ist:

> Wir sind um fünf Uhr morgens gegangen. Der Georgier hatte nicht wiederkommen wollen, trotz der Ermahnungen des Oberkellners. Vabre folgerte daraus, dass es eine Geschichte gegeben hatte wegen der Flaschen.[33]

Lenin im Cabaret! Fréville kann es nicht glauben. In einer Anmerkung seines Buches qualifiziert er das Zeugnis von Toussaint als «absurde Hirngespinste», «Dummheiten» und «Unwahrscheinlichkeiten» ab.[34] Wie peinlich für ihn, dass es der Betroffene selber in seinen Briefen bestätigt. Am 2. Januar 1910 etwa schreibt er seiner Schwester Manjascha, die nach Russland zurückgekehrt ist:

Überhaupt haben wir an den Feiertagen «gebummelt» (…). Auch heute habe ich vor, in ein Vergnügungslokal zu gehen, wo «Sänger» (ungeschickte Übersetzung von *chansonniers) goguettes révolutionnaires** singen.[35]

Gut, könnte man sagen. Aber es ist nicht das Gleiche, ob einer manchmal ein Cabaret betritt oder ob ihm das auch noch gefällt, er sein Wort an Nachbarn richtet und fröhlich lärmt, das heisst: *ob er wirklich teilnimmt!* Wohlan denn, darüber besteht kein Zweifel: Lenin hat teilgenommen! Hören wir Lise de K.:

> Lenin hatte sich für diese Gelegenheit mit einem hellgrauen Anzug gekleidet, der auf wundersame Weise von sämtlichen Flecken gereinigt worden war, und er trug seinen steifen Hut schief auf dem Kopf, wie es einige Pariser taten, die ich mit ihm in den Cabarets des Boulevard de Clichy und in den Kaffeehäusern der Place de la République gesehen hatte.[36]

Dann der Genosse Aline (es handelt sich um einen Abend am Neujahrstag im Keller eines Kaffeehauses nahe der Porte d'Orléans):

---

*   revolutionäre Liedchen, Couplets (Hervorhebung vom Autor)

Alle amüsierten sich. Wir sangen. Lenin sang aus vollem Herzen mit, als wir «Stienka Rasin» anstimmten. Er versuchte, den Bariton zu intonieren, aber es gelang ihm nicht, und so fuhr er fort, so gut er konnte, und schlenkerte dabei verzweifelt mit den Armen. Gegen vier Uhr spazierten wir angeheitert auf dem verlassenen Boulevard. Die Frau von N. A. Semaschko und Ilja Safir (Moissejew) begannen einen russischen Tanz. Aber Polizisten auf Fahrrädern verlangten höflich, dem Lärm ein Ende zu bereiten.[37]

Offensichtlich sind Frau Semaschko und Moissejew nicht die einzigen, die liebend gerne tanzen. Krupskaja zum Beispiel erzählt, dass sich Wladimir Iljitsch und sie im Sommer 1916 während sechs Wochen in den Flumserbergen im Erholungsheim Tschudiwiese, unweit von Zürich, aufgehalten haben: «Abends spielte der Sohn der Wirtin auf seiner Harmonika, und die Gäste traten zum Tanz an …»[38] Und wie schaffte es Lenin, gut zu tanzen? So wie er alles tat: mit einem ungewöhnlichen Eifer. Denn wenn er ruhigere Zeiten verbrachte, erklärt uns Nicolas Valentinov, der ihn gut kannte,

war dies nur von kurzer, manchmal minimaler Dauer. Der Normalzustand wich einer Leidenschaftlichkeit; dann veränderte Lenin sich psychisch. Dieser neue Zustand zeichnete sich durch Masslosigkeit und ein Element immenser Begeisterung aus, was Krupskaja mit einer «Raserei» verglichen hat. Dieser Persönlichkeitswandel kam im Laufe seines Lebens in Sibirien plötzlich zum Vorschein: Nachdem er sich Schlittschuhe gekauft hatte, begann Lenin von morgens früh bis abends spät auf dem Fluss eiszulaufen und, wie Krupskaja erzählt, «die Bewohner durch seine Riesenschritte und seine spanischen Sprünge in Erstaunen zu setzen».[39]

Dieses erstaunlich farbige und bewegte Lenin-Bild, ein wenig Don Quichotte und Monsieur Fenouillard, gewinnt in der Tat noch an Glaubwürdigkeit, wenn uns seine Gefährtin selbst beschreibt, wie er in Sibirien jagte:

Wladimir Iljitsch war ein leidenschaftlicher Jäger, er schaffte sich Lederhosen an und stapfte durch alle Sümpfe.[40]

Für einen Augenblick ist zu unserem grössten Vergnügen dieser Lenin dem Flaubert von *Bouvard et Pécuchet* und dem Daudet von *Tartarin* sehr ähnlich.

Zum Schluss legt uns ein anderer Schriftsteller nahe, dass diese kabarettistische Lebenskraft sich noch andere Ventile als den Tanz zu finden wusste. Es ist dies – wer hätte das geglaubt? – der liebenswürdige und fromme Julien Green, der am 5. Februar 1932 in seinem *Tagebuch* notiert:

Abb. 2: «Ein Element immenser Begeisterung ...» Lenin, rechts, 1908 in Capri, zusammen mit Alexander Bogdanow, links, und Maxim Gorki (Foto: Editions Robert Laffont SA, Paris).

Ein Maler erzählt mir von Lenin, den er 1912 im Quartier Latin kennengelernt hat. «Wir teilten unsere Mädchen. Lenin war sehr lustig, sehr gut und, in der Liebe, sehr schamlos.»[41]

III

ZÜRICH IM FEBRUAR 1916

Dies ist also ein lustiger Bruder, etwas exzentrisch, Experte in Gesang und russischem Tanz, fähig, Nachtlokale bis spät in der Nacht zu besuchen und dort eine gute Figur abzugeben, den wir im Februar 1916 in Zürich wiederfinden. Was aber sucht er dort? Einige Werke in den, verglichen mit Bern, viel besser dotierten Bibliotheken zu Rate ziehen – dies ist die offizielle Version.[42] In Wahrheit aber sucht er Gelegenheiten, sich zu zerstreuen. Krupskaja gibt es in ihren Erinnerungen an Lenin zu: «Dann schoben wir unsere Rückkehr nach Bern wieder hinaus, bis wir schliesslich ganz in Zürich blieben, *das (…) lebhafter als Bern war.* (…) Überhaupt machte sich der kleinbürgerliche Geist weniger stark geltend.»[43] In ihrer «Lebhaftigkeit» stand die kleine Russen-Gruppe den Stadtzürchern wahrhaftig nicht nach. Hören wir dazu Valeriu Marcu, der damals mit Lenin und dessen Freunden in Berührung kam:

Die Moskowiter (…) belebten aber als landfremde Elemente die Tische einheimischer Kaffeehäuser.[44]

Solche Zeugnisse tragen dazu bei, dass wir schliesslich eines der Rätsel aufklären können, welches noch immer die Anfänge des Cabaret Voltaire umgibt. Im sonst ausserordentlich genauen Bericht über den Eröffnungsabend vom 5. Februar, den sein Organisator Hugo Ball kurz danach niederschreibt, bleibt ein Programmpunkt tatsächlich merkwürdig dunkel, da anonym:

> Mde. Hennings und Mde. Leconte sangen französische und dänische Chansons. Herr Tristan Tzara rezitierte rumänische Verse. *Ein Balalaika-Orchester spielte entzückende russische Volkslieder und Tänze.*[45]

Augenblicklich bemächtigt sich eine Hypothese unseres Verstandes: *Lenin und seine Freunde!* Wahrhaftig, wer sonst, wenn nicht sie, diese aufrichtigen Russen von revolutionärer Gesinnung, hätte es denn wagen können, in einem Künstler-Cabaret der Avantgarde zu singen, um den «Volksliedern» Russlands im Zürich von 1916 den Weg zu bereiten? Einige könnten an ein Orchester auf der Durchreise denken, das an diesem Tag in der Schweizer Stadt haltgemacht hat. Das käme einem Wunder gleich. Denn viele Russen waren damals auf den Strassen nicht anzutreffen, auch auf den schweizerischen nicht. Kommt hinzu, dass diese russische Präsenz keineswegs von kurzer Dauer war. Hugo Ball erklärt im bereits zitierten Text, dass sie nach dem Eröffnungsabend eine «Russische Soiree» veran-

28

staltet hätten. Und unter dem Stichwort «Russische Soiree» vermerkt er am 4. März 1916 in seinem Tagebuch:

Ein kleiner gutmütiger Herr, der schon beklatscht wurde, ehe er noch auf dem Podium stand, Herr Dolgaleff *(sic)*, brachte zwei Humoresken von Tschechow, dann sang er Volkslieder. (...)
Eine fremde Dame liest *Jegoruschka* von Turgenjew und Verse von Nekrassow.[46]

Wir wissen um den Kult, den Lenin mit genau diesen drei Schriftstellern trieb, was so mancher Historiker, Biograf oder Zeuge bestätigt, Krupskaja* an erster Stel-

---

* «Anton Tschechow (...) hatte Lenin gern. [Die] Erzählungen Tschechows, deren Gestalten ihm im Gedächtnis blieben, sowie seine Dramen gefielen ihm. (...) Von Sibirien aus bat Lenin seine Mutter im Jahre 1898, ihm eine 12-bändige Ausgabe von Turgenjew in russischer Sprache zu schicken, dessen durchsichtiger klassischer Stil ihm Freude machte. Später bat er seine Schwester Anna, ihm Turgenjew auf Deutsch zu schicken, damit er durch den Vergleich der beiden Ausgaben Deutsch lernen könne» (Louis Fischer, *Das Leben Lenins*, a.a.O., S.603). «Wladimir Iljitsch hatte Turgenjew (...) nicht einmal, sondern mehrere Male gelesen; er kannte die Klassiker ausgezeichnet und schätzte sie sehr» (Nadeschda Krupskaja, *Erinnerungen an Lenin*, a.a.O., S.44). «Abends las Wladimir Iljitsch» im sibirischen Schuschenskoje «gewöhnlich (...) Nekrassow» *(ibd.)*. «Nekrassow ist sicherlich eine jener literarischen Gestalten, die Lenin am meisten schätzte» (Jean-Michel Palmier, *Lénine, l'art et la révolution,* Paris, Payot, «Bibliothèque historique», 1975, S.170). «Wolodja [Kosename

29

le, die ihm darin wie in so vielem anderen[*] folgte, und wir dürfen so mit gutem Recht die wahre Identität dieses sogenannten Herrn Dolgaleff vermuten und auch kaum Mühe haben zu erraten, wer diese «fremde Dame» sein könnte, die ihn begleitete. Immerhin schliesst Hugo Ball seine Präsentation des *Cabaret Voltaire* mit den Worten: «Das kleine Heft, das wir heute [15. Mai 1916, d. h. dreieinhalb Monate später] herausgeben, verdanken wir (…) der Beihilfe unserer Freunde in Frankreich, Italien *und Russland.*»[47] Beweis genug für die kontinuierliche Anwesenheit und Unterstützung.

An dieser Stelle könnte uns ein Einwand dazu zwingen, unsere Studien abzubrechen. Der Einwand nämlich, dass Lenin am 5. Februar 1916 noch gar nicht in Zürich angekommen sei! Wenigstens dann, wenn wir uns auf das Gedächtnis von Krupskaja verlassen. Erst «Mitte Februar», schreibt sie 1931 (fünfzehn Jahre

für Wladimir] kann (…) Nekrassow schon fast auswendig» (Krupskaja in einem Brief vom 26. Dezember 1913 an die Mutter von Lenin, der diesen mitunterzeichnet, in: *Werke* Bd. 37, a. a. O., S. 442).

---

[*] Siehe etwa den Brief vom 26. Dezember 1913, der in der vorangehenden Fussnote zitiert wurde. Eine Passage dieses Briefes handelt von ihrem künstlerischen Geschmack, und Krupskaja drückt mit dem fortwährenden «wir» aus, dass sie in ihrem wie in Lenins Namen spricht. Was Nekrassow betrifft, berichtet Krupskaja in einem anderen Aufguss ihrer *Erinnerungen,* dass sie ihm die Werke nach Sibirien gebracht und zum Lesen gegeben habe («Was Iljitsch aus der schönen Literatur gefiel», in: *Das ist Lenin,* a. a. O., S. 112).

später, vergessen wir das nicht), «hatte Lenin in den Zürcher Bibliotheken zu arbeiten».[48] Die übrigen Biografen schliessen sich dem selbstverständlich an.[*] «Ungefähr Mitte Februar», schreibt beispielsweise Maurice Pianzola, «fuhr Lenin (…) nach Zürich.»[49] Auf der Schrifttafel, die die Stadtzürcher Behörden an der Fassade des Hauses Spiegelgasse 14 anbringen liessen, können wir heute noch lesen, dass Lenin vom 21. Februar 1916 bis 2. April 1917 hier gelebt habe. Willi Gautschi jedoch spricht vom 20. Februar.[50] Die Unsicherheit wird bei der Durchsicht von Lenins Korrespondenz noch vergrössert, obwohl dieses Dokument aus erster Hand eigentlich alle Zweifel ausräumen sollte. Ist nicht ein Brief *von Zürich* an Olga S. N. Rawitsch mit «*13.* Februar 1916» datiert? Lenin gibt dort als Adresse an: «Uljanow (bei Frau Prelog) 7¹ Geigergasse 7¹. Zürich. 1.»[51] Tatsächlich wissen wir aus den *Erinnerungen* von Krupskaja, dass sich das Paar nicht sofort an der Spiegelgasse niedergelassen hat. «Wir suchten uns ein Zimmer», schreibt sie. «Dabei kamen wir zu einer gewissen Frau Prelog, die eher den

---

[*]   Mit Ausnahme David Shubs, der in seinem *Lenin, Geburt des Bolschewismus* (siehe Kap. 1, Anm. 3) erklärt: «*Im Januar 1916* zogen Lenin und seine Frau aus Bern nach Zürich» (S. 170, Hervorhebung des Autors). Leider können wir dieser Aussage nicht den geringsten Glauben schenken, *obwohl sie doch so gut in unser Konzept passen würde.* Nicht nur mangelt es ihr an Beweisen oder Erörterung, sie beruht auch auf gänzlicher Unkenntnis der Korrespondenz Lenins, die unzweifelhaft beweist (siehe weiter unten), dass sich unser Mann noch am 30. Januar 1916 in Bern aufhielt!

Eindruck einer Wienerin als einer Schweizerin machte.»[52] Doch, so fährt sie fort, «wir hatten uns schon bei ihr eingerichtet, als sich am nächsten Tag herausstellte, dass ihr früherer Mieter wieder zu ihr zurückkehrte. (...) Frau Prelog bat uns, ein anderes Zimmer zu suchen.» *(ibd.)* Das bestätigt auch Pianzola: Lenin verliess das Zimmer bei Frau Prelog «schon am folgenden Tag».[53] Wenn der Brief Lenins, der die Unterkunft bei Frau Prelog angibt, vom 13. Februar datiert, so müsste der Umzug zur «Schuhmacherfamilie Kammerer»,[54] wohin sie gemäss allen Biografen, an erster Stelle Krupskaja, sogleich gingen, am 14. Februar stattgefunden haben. Was also geschah zwischen dem 14. und dem 20. oder 21. Februar (dem offiziellen Datum ihres Einzuges in die Spiegelgasse)? Ein erstes Rätsel. Aber es gibt noch ein weiteres: dass nämlich Lenin sogar schon vor dem 13. in Zürich ist! Tatsächlich ist ein Brief erhalten geblieben, den Lenin am 12. Februar von Zürich an Gregor Sinowjew geschickt hat.[55] Und es kommt noch besser: In einem Brief von Bern an Moissei Markowitsch Charitonow, datiert vom 29. Januar 1916, kündet Lenin an:

> Lieber Genosse! (...) Wir kommen am 4. Februar. Wenn möglich, suchen Sie uns ein Zimmer, das man jeweils für eine Woche mieten kann, für zwei Personen.[56]

Konnte das (Wohn-)Problem geregelt werden, und ist

somit der 4. Februar das *reale* Ankunftsdatum Lenins in Zürich? Oder müssen wir gar noch weiter zurückgehen? Ein präziser Hinweis drängt uns dazu: Ein weiterer Brief vom folgenden Tag an denselben Empfänger weist uns auf den Mittwoch, 2. Februar. Denn dieser mit «Sonntag Abend» (30. Januar) datierte Brief ist ganz einem einzigen Ereignis gewidmet, das drei Tage später stattfinden soll:

> Lieber Genosse! Eben erst habe ich erfahren, dass am *Mittwoch* in Zürich eine internationale Konferenz des Büros der Jugendorganisationen stattfindet. (…) Ich bitte Sie sehr, 1. in Erfahrung zu bringen *(taktvoll:* das ist alles *konspirativ),* und zwar möglichst konkret: Datum, Ort, Dauer, Zusammensetzung; 2. festzustellen, ob nicht auch ein Vertreter unserer Partei teilnehmen kann.[57]

Hier mag Lenin der Form halber Charitonow noch so sehr nahelegen, «selbst teilzunehmen», wir begreifen rasch, dass er darauf brennt, dieser Vertreter zu sein. Ein einziger Umstand scheint dem zu widersprechen, dass er dort war: seine Teilnahme an einer politischen Versammlung am Abend des 8. Februar in Bern, wovon ein Artikel in der *Berner Tagwacht* zeugt.[58] Die beiden Städte aber liegen so weit nicht auseinander – hundertdreissig Kilometer in der Eisenbahn –, und nichts hindert Lenin, sich in Zürich niederzulassen und für einen

Abend nach Bern zurückzukehren. Erwiesenermassen verfuhr er bei anderer Gelegenheit ebenso: Etwa am 25. Februar 1916, als er nach Bern kam, um eine Veranstaltung unter dem Titel «Zwei Internationalen» abzuhalten.[59] Ausserdem belegt sein Brief vom 17. Februar 1916 an Olga S.N. Rawitsch, dass Lenin den Fahrplan der Züge ab Zürich genauestens kannte und sich daraus auch seinen Vorteil zu ziehen wusste:

> Legen Sie also bitte den Termin des Referats *selbst* fest, entweder vor dem 25. oder nach dem 26., und benachrichtigen Sie mich rechtzeitig. Ich bitte Sie auch sehr, sich mit Lausanne in Verbindung zu setzen, damit ich *in 2 Tagen* alles erledigen (…) kann. (…) Es gibt einen günstigen Zug: Er kommt in Genf 9.15 *abends* an. Ob ich den benutzen kann? Falls nicht, kann dann das Referat in Lausanne nicht *am Tag vorher* gehalten werden?[60]

Wenn wir im weiteren berücksichtigen, dass er nicht sofort jede seiner Adressänderungen allen seinen Briefpartnerinnen mitteilte (erst am 12. März 1916 zum Beispiel meldet er seiner Mutter: «Meine liebe Mama! Ich schicke Dir Fotografien (…). Wir wohnen jetzt in Zürich.»[61]), so werden wir es als sehr wahrscheinlich gelten lassen, dass er sich in Zürich schon einige Zeit vor dem ungefähren Datum («Mitte Februar») aufgehalten hat, an das sich Krupskaja fünfzehn Jahre später erinnert und das – diskussionslos – von allen Biografen übernommen wurde. Anders gesagt: Lenin war früh genug in Zürich, um am Eröffnungsabend des Cabaret Voltaire teilzunehmen. Und der Einzug Lenins in unmittelbarer Nachbarschaft erscheint uns nicht länger als Zufall, wie wir eingangs dachten, sondern als ganz und gar gewollter Akt.

IV

BEGEGNUNGEN UND RÄTSEL

Zwei Fragen sind noch unbeantwortet: Wie sind sich Lenin und die künftigen Dadaisten begegnet? Und warum diese Beharrlichkeit, mit welcher von beiden Seiten eine solche Zusammenkunft verborgen, ja gar bestritten wird?

Auf die erste Frage können wir nur mit Hypothesen antworten. Am plausibelsten ist die einer Begegnung zwischen Ball und Lenin, entweder in Zürich, wo Lenin schon lange vor dem Februar 1916 an Konferenzen teilgenommen hat (beispielsweise Ende Oktober 1915[62]), oder in Bern, wo sich auch Ball eine Zeit lang aufhielt, bevor er nach Zürich kam, um sein Cabaret aus der Taufe zu heben. Denn Ball interessierte sich seit jeher für die russischen Revolutionäre. Huelsenbeck bezeugt es:

> Er interessierte sich für Bakunin, und er ging zu einer anarchistischen Gruppe in Zürich – auch ich ging dorthin, obwohl ich regelmässig fast einschlief vor Langeweile –, Ball war daran sehr interessiert.[63]

Gewiss, von Bakunin zu Lenin ist ein langer Weg, aber
für einen Internationalisten wie Ball, zugleich skep-
tisch[64] und ökumenisch,* ist jede Stimme gut genug, gehört zu werden, sind alle Begegnungen wünschens-
wert. Zweite Hypothese: Die beiden Männer sind sich
ganz einfach am Eröffnungsabend, dem 5. Februar
1916, begegnet. Schliesslich erschien ja in der Lokal-
presse am 2. Februar ein Communiqué, das die Gründung eines Cabarets ankündet, wo «bei den täglichen
Zusammenkünften musikalische und rezitatorische Vor-
träge stattfinden», und das «die junge Künstlerschaft
Zürichs» einlädt, «sich ohne Rücksicht auf eine besondere Richtung» einzufinden. Lenin könnte sehr wohl
diese rätselhafte Persönlichkeit sein, die jener «orientalisch» anmutenden Delegation angehörte, die sich, so
Ball in seinem Tagebuch, an jenem Abend beim Organisator vorstellte:

5.11. (…) Gegen sechs Uhr abends (…) erschien
eine orientalisch aussehende Deputation von vier
Männlein, Mappen und Bilder unter dem Arm;
vielmals diskret sich verbeugend. Es stellten sich

---

*   Erwähnen wir jetzt schon die Worte des Aufrufes vom 2. Februar
(siehe weiter unten): «… es ergeht an die jüngere Künstlerschaft Zü-
richs die Einladung, sich *ohne Rücksicht auf eine besondere Richtung* mit
Vorschlägen und Beiträgen einzufinden» (Hervorhebung des Autors)
(Zit. nach Hugo Ball, *Die Flucht aus der Zeit*, a.a.O., S. 71 ; siehe auch
Hans Richter, *Dada – Kunst und Anti-Kunst*, a.a.O., S. 14).

vor: Marcel Janco, der Maler, Tristan Tzara, Georges Janco *und ein vierter Herr, dessen Name mir entging.*[65]

Orientalische Gesichtszüge, kleine Statur:[*] passt alles zusammen. Diese Hypothese erklärt gewiss nicht, wie Lenin vorher mit den Brüdern Janco und Tzara (oder sie mit ihm) in Kontakt gekommen war, aber sich dies zu erklären, braucht wenig Vorstellungskraft: Alle waren sie im Exil, Slawen, die aus benachbarten Ländern stammen, und alle waren sie am gesellschaftlichen Umsturz interessiert; alles Gründe, die eine Begegnung begünstigen. Ein Ort wie das Café Terrasse in Zürich, wo auch Richter ausgerechnet die drei Rumänen kennenlernte,[66] ist im Übrigen einer solchen Begegnung noch förderlich, zumal auch Lenin gern dorthin zum Schachspiel ging.[67]

Ball ist darüber von Anfang an auf dem Laufenden. Warum aber – und dies ist unsere zweite Frage –, warum aber hat er bis Juni 1917 gewartet, um die Anwesenheit Lenins überhaupt zu erwähnen, und noch dazu,

---

[*] Darüber eine einzige Zeugenaussage – von grosser Statur sozusagen: jene von Joseph Stalin, als er über seine erste Begegnung mit «dem Adler unserer Partei» berichtet, die er im Dezember 1905 anlässlich der Konferenz der Bolschewiki im finnischen Tammerfors hatte. «Ich sah», sagt er, «einen gewöhnlichen Mann von *unterdurchschnittlicher* Grösse …» (*Lénine tel qu'il fut,* mit Beiträgen von J. Stalin, W. Molotow, K. Worochilow u. a. Paris, Bureau d'éditions, 1934, S. 21. Hervorhebung des Autors).

wie wir gesehen haben, in einer so ungenauen Art und Weise?* Wir wären versucht zu antworten: Eben genau weil Lenin zu diesem Zeitpunkt nicht mehr in Zürich ist, sondern unter den bekannt abenteuerlichen Umständen nach Russland zurückgekehrt und deshalb keiner Gefahr mehr ausgesetzt war. Denn für einen politischen Flüchtling wie ihn war es nicht ungefährlich, sich im Cabaret Voltaire öffentlich sehen zu lassen. Alle Zeitzeugen haben die Ironie jener Situation hervorgehoben, in welcher die dadaistischen Spassvögel von der Polizei bespitzelt oder sogar belästigt wurden, während sie jene, die im Begriffe waren, eine der grössten Revolutionen der Geschichte vorzubereiten, glänzend ignorierte.[68] Weder Lenin noch die paar Dadaisten, die seine wahre Identität kannten, hatten ein Interesse, daran etwas zu ändern.

Doch als Lenin im April 1917 in seine Heimat zurückgekehrt war, hätte die Dadaisten nichts mehr gehindert, zu *reden* und den wichtigen Anteil, den Lenin in den Anfängen ihrer Bewegung leistete, hervorzuheben. Erstaunlich also ist, wie wir gesehen haben, ihr Schweigen, oder mindestens die Ungenauigkeit ihrer Zeugenaussage. Der Schlüssel zum Verständnis dieser Merkwürdigkeit ist nicht unbedingt in einer zähen Komplizenschaft mit dem bolschewistischen Führer zu finden, so

---

* Siehe oben S. 8 und 9. Das heisst, dass Ball zu durchsichtigen Anspielungen durchaus fähig ist. Siehe unten, Kap. IX, Anm. 1.

als ob sein dadaistisches Abenteuer ein schwerer Fehler gewesen wäre, das der Welt für immer hätte verschwiegen werden sollen. Die einleuchtendste Erklärung ist so viel naheliegender: *Die meisten Dadaisten haben gar nicht gewusst, dass Lenin in Zürich einer der ihren war.* Das war besser so. Denn es existierte nicht nur die äussere Bedrohung durch die Schweizer Polizei: Im Innern selbst des Cabaret Voltaire wimmelte es nur so von seltsamen Typen. Wiederholen wir, welche hauptsächlich vertretenen Gattungen Marcel Janco in seinen Erinnerungen aufzählt:

… Maler, Studenten, Revolutionäre, Touristen, internationale Betrüger, Psychiater, die Halbwelt, Bildhauer und nette Spione auf der Suche nach Informationen.[69]

Valeriu Marcu bestätigt die Bedeutung dieses letztgenannten Gelichters in Zürich, was in einem neutralen Land zur Zeit des Weltkrieges unschwer erklärt werden kann:

Jede Strassenecke hatte Ohren, Hände schrieben verstohlen in Notizbücher, jeder Laut aus der Fremde wurde aufgenommen und weitergegeben. Das neutrale Land war das einzige Fenster ins feindliche Gebiet. Kein Quadratmillimeter der Öffnung blieb unbesetzt.[70]

Marcu, wir haben es bereits weiter oben erwähnt, lebte zu dieser Zeit in Zürich und weiss, wovon er spricht; punkto «russischer Emigration» fügt er noch das folgende interessante Detail an: «Alle Fraktionen verfluchten sich in gewohnter Frische ...»[71]

Unter diesen Umständen verstehen wir, dass Lenin keinerlei Wert darauf legte, die Aufmerksamkeit der einen oder anderen dieser liebenswürdigen Bruderschaften oder Klüngel auf sich zu ziehen, ganz zu schweigen von einigen menschewistischen «Genossen» oder Gegnern der Zimmerwalder Konferenz (1915), deren kleinbürgerliche Ansichten er damals gegeisselt hatte und die nun ihrerseits mit Genuss seine nachtschwärmerisch-artistischen Eskapaden dazu verwenden würden, ihm das Kompliment zu erwidern. Ganz abgesehen von einzelnen aufdringlichen Besuchen aus seinem eigenen politischen Lager, wie etwa dieser «Neffe der Genossin Semljatschka», der – wie Krupskaja zu berichten weiss – «so schmutzig und abgerissen» war, «dass die Schweizer Bibliotheken ihm schliesslich den Eintritt verwehrten». Mit seinen regelmässigen Besuchen fiel er Lenin stark auf die Nerven, insbesondere da er «prinzipielle Fragen» mit ihm erörtern wollte.[72] Lenin musste also Vorsichtsmassnahmen ergreifen. So wie der Vizekönig in Offenbachs *Périchole* genoss er die Vorteile seines *Inkognitos*. Wer die Biografie Lenins auch nur etwas kennt, weiss im Übrigen, dass er nicht abgeneigt war, sich zu verkleiden. «1905 bis 1907 hat er die

42

Abb. 3: Lenin, geschminkt und mit Perücke, August 1917
(Foto: D. Leschtschenko).

Abb. 4: Die Perücke von Lenin (Foto: Roger – Viollet, Paris).

russische Grenze nur verkleidet passiert», erzählt Ivan V. Pouzyna, indem er sich zum Beispiel als Typograf namens Erwin Weikow ausgewiesen habe und eines Tages sogar «als kirchlicher Vorsänger verkleidet» in Moskau angekommen sei.[73] Eine Fotografie in der von der sowjetischen Kommunistischen Partei herausgegebenen Biografie zeigt ihn uns im August 1917 rasiert, geschminkt und mit Perücke (Abb. 3 und 4); wir wissen, dass er sich allein in diesem Monat nacheinander als Arbeiter der Waffenfabrik von Sestrorezk, als Schnitter am Ufer des Rasliw-Sees und als Lokomotivführer zwischen Udelnaja und Finnland ausgegeben hat.[74]

Eine letzte, an sich unwichtige Frage: War Krupskaja auf dem Laufenden oder nicht? Lenin und sie hatten wohl ein Eheleben und teilten nachts das gleiche kleine Zimmer, tagsüber waren sie selten beisammen: Lenin war meist in der Bibliothek,* Krupskaja als Sekretärin im Büro der russischen Emigrantenkasse tätig. Dieses

---

* «Er bemühte sich, die Zeit voll auszunutzen, in der die Bibliothek geöffnet war. Morgens ging er Punkt neun Uhr in die Bibliothek und sass bis zwölf Uhr mittags dort (von zwölf bis ein Uhr war die Bibliothek geschlossen); dann ging er nach Hause, wo er genau zehn Minuten nach zwölf Uhr eintraf; nach dem Mittagessen ging er sofort wieder in die Bibliothek und blieb bis sechs Uhr abends, bis sie geschlossen wurde, dort. Zu Hause war es damals nicht sehr günstig zu arbeiten» (Nadeschda Krupskaja, *Erinnerungen an Lenin*, a. a. O., S. 375).

Büro unter der Leitung von Felix Jakowlewitsch machte es sich in Zürich zur Aufgabe, die kranken «Genossen» und Arbeitslosen zu unterstützen.[75] Die Kasse des Büros war damals «ziemlich leer», aber an Projekten mangelte es, wie sie selbst sagt, nicht: Ihre Tage waren derart ausgefüllt, dass sie kaum in der Lage war, genau zu wissen, was Wladimir Iljitsch mit den seinen tat. Ein lesenswerter Abschnitt in *Das ist Lenin* scheint dennoch darauf hinzuweisen, dass sie mehr darüber wusste, als sie gerade zugeben wollte:

> Er nahm das Leben in all seiner Kompliziertheit und Vielseitigkeit in sich auf. Bei Asketen aber kommt das ja wohl kaum vor.
> Am allerwenigsten war Iljitsch – mit seinem Verständnis für das Leben und die Menschen, mit seiner so leidenschaftlichen Einstellung zu allem – jener tugendhafte Spiessbürger, als der er jetzt zuweilen dargestellt wird: ein mustergültiger Hausvater mit seiner Gattin, mit Kindern; Bilder der Angehörigen stehen auf dem Tisch, da ist ein Buch, ein wattegefütterter Hausrock, ein schnurrender Kater sitzt auf seinen Knien (...). Es wäre besser, weniger solche Sachen zu schreiben.[76]

Interessanterweise zitieren im Oktober 1930 die jungen Redakteure der zweiten Ausgabe von *Surréalisme au service de la Révolution* das Wichtigste dieser Passage, so als ob sie – scharfsinniger als die Zürcher Dadaisten – erraten hätten, wie nahe der wirkliche Lenin einigen der ersten Avantgarden Europas stand.[77]

Fügen wir dem noch eine eingeschobene Bemerkung derselben Krupskaja an:

> Zwar war unser Zimmer hell, aber seine Fenster gingen auf den Hof hinaus, in dem es fürchterlich roch, weil sich dort eine Wurstfabrik befand. Nur spät nachts konnten wir die Fenster öffnen.[78]

Natürlich bedeutet dies nichts, aber es *klingt* in diesem Nichts doch die Möglichkeit an – was sage ich? –, die Glaubwürdigkeit, ja die *Wahrscheinlichkeit* von abendlichen Besuchen im benachbarten Cabaret Voltaire, und wäre es nur anlässlich der berühmtesten Soireen (am 3. Juni etwa oder am 23. Juni 1916), als es während der heissen Sommernächte in der ärmlichen Wohnung an der Spiegelgasse 14 schwierig wird, ein Auge zu schliessen, gequält von den Dämpfen der Wursterei.

V

NEUE HYPOTHESE ÜBER DEN URSPRUNG VON «DADA»

Ob nun offenen Angesichts oder unter geborgter Identität, ist an sich egal, die Tatsache, dass Lenin in den Anfangen am Cabaret Voltaire teilgenommen hat, wirft ein neues Licht auf einen der strittigsten Punkte in der Geschichte der Bewegung: den seiner Taufe.

Wir wissen, wenn wir diese widersprüchliche und verwirrende Angelegenheit kurz zusammenfassen wollen, dass mindestens vier Personen für sich in Anspruch nehmen, «Dada» als Name und Passwort einer Bewegung gewählt zu haben; für die Vaterschaft kommen also in etwa alle wichtigen Mitglieder der ersten Zürcher Kerngruppe in Frage. «Ein Wort wurde geboren, man weiss nicht wie, DADA DADA ...», schreibt Tzara 1920 im *Dada Almanach:*[79] Und dennoch ist ausgerechnet er der Erste und Beharrlichste unter jenen, die behaupten, es zu wissen. «Ich erlaube mir, Ihnen mitzuteilen», schreibt er bereits 1919 in einem offenen Brief an Jacques Rivière, «dass ich vor drei Jahren das Wort ‹Dada› als Titel einer Zeitschrift vorgeschlagen habe.»[80] 1921 erklärt er: «Ich beabsichtige, ein Wort ohne jede Bedeutung einzuführen: DADA.»[81] Und im selben Jahr ergänzt er:

Es ist überhaupt nicht ungewöhnlich, dass ich Dada als Titel meiner Zeitschrift gewählt habe. In der Schweiz war ich mit Freunden zusammen und blätterte in einem Diktionär, denn ich suchte ein Wort, das dem Klang nach aus jeder Sprache stammen könnte. Die Nacht umfing uns, als eine grüne Hand ihre ganze Hässlichkeit auf die Larousse-Seite legte und genau auf Dada wies – meine Wahl war getroffen.[82]

Die feierliche Erklärung, die Hans Arp am 6. August 1921 in Anwesenheit von Max Ernst, André Breton und Tzara abgegeben hat, scheint ihm recht zu geben:

Hiermit erkläre ich, dass Tristan Tzara das Wort DADA am 8. Februar 1916 um 6 Uhr nachmittags entdeckte: Ich war mit meinen zwölf Kindern zugegen, als Tzara zum ersten Mal das Wort aussprach, das uns verständlicherweise mit Begeisterung erfüllt. Es ereignete sich im Café de la Terrasse in Zürich, und ich trug ein Brötchen in meinem linken Nasenloch ...[83]

Obwohl sich Georges Hugnet,[84] Jean Cassou[85] und Georges Ribemont-Dessaignes[86] für Tzara verbürgen – selbstverständlich ohne den Hauch eines Beweises anzufügen –, stellt Arp, wie wir wissen, die Ernsthaftigkeit obiger Erklärung seltsamerweise selber wieder in Frage: Ein erstes Mal unmittelbar darauf «hinter den Kulissen», so überliefert eben dieser Ribemont-Dessaignes[87] («ich sah mich dazu genötigt, diese Erklärung abzugeben, in Wirklichkeit aber bin ich derjenige, welcher …»), und klar und deutlich achtundzwanzig Jahre später, als Arp gegenüber Robert Motherwell versichert, dass seine Erklärung ein Dada-Scherz gewesen sei und dass er «angenommen habe, dies gehe deutlich genug aus dem fantastischen Ton hervor».[88] Auf jeden Fall hat Arp schon in seiner Tiroler Erklärung geschrieben, dass das Wort «Dada» «überhaupt keine Bedeutung» habe und «nur Dummköpfe und spanische Professoren sich um Jahreszahlen scheren könnten».[89]

Es kommt uns tatsächlich spanisch vor, wie da mit Jahreszahlen jongliert wird: Jene, die Arp uns angibt, stimmt nicht mit der überein, die Hugo Ball in seinem glaubwürdigeren, weil unmittelbaren und nicht erst fünf Jahre später verfassten Zeugnis überliefert hat. *Gedruckt* erscheint das Wort «Dada» zum ersten Mal in dem von Hugo Ball verfassten Vorwort der Sammlung *Cabaret Voltaire*[90] am 15. Mai 1916, doch *geschrieben* finden wir es in Wirklichkeit zuerst in Hugo Balls Tagebuch, wo dieser unter dem Datum des 18. April 1916* schreibt:

---

* John Ederfield, der für die englischsprachige Ausgabe dieses Tagebuchs verantwortlich zeichnet *(Flight Out of Time: A Dada Diary,* New York, The Viking Press, 1974), nimmt – gewiss ohne schlüssigen Beweis – an, dass dieser Hinweis erlaubt, die Entdeckung des Wortes

Tzara quält wegen der Zeitschrift. Mein Vorschlag, sie Dada zu nennen, wird angenommen.[91]

«Mein Vorschlag», schreibt Ball. Ist er es also? Nein, erklärt uns der Kritiker William Rubin, denn Hugo Ball habe die Entdeckung des Wortes Dada «nie für sich» beansprucht.[92] Der Satz besagt einzig, er habe vorgeschlagen, diesen Namen *der Zeitschrift* zu geben, kein Wort davon, dass er ihn auch gefunden hat. Im Übrigen gibt es diesen anderen Satz in einem Brief, den Ball im November 1926 an Huelsenbeck schreibt:

> Dann hättest Du das letzte Wort, wie Du das erste hattest, (...)[93]

was, immer gemäss Rubin, einer Anerkennung der Vaterschaft gleichkäme. Eine Vaterschaft übrigens, die Huelsenbeck tatsächlich seit 1920 mit einer Besessenheit für sich in Anspruch nimmt, die die Polemik darüber erst entfesselt:

> Das Wort Dada wurde von Hugo Ball und mir zufällig in einem deutsch-französischen Diktionär entdeckt, als wir einen Namen für Madame Le Roy, die Sängerin unseres Cabarets, suchten.[94]

«irgendwo in der vorangegangenen Woche» zu situieren, jedenfalls «nach dem 11.» (S. 63, Anmerkung und Einleitung S. XXIV).

Sechzehn Jahre später präzisiert er:

> Ich stand hinter Ball und guckte in das Wörter-
> buch. Ball wies mit dem Finger auf den Anfangs-
> buchstaben jedes Wortes, von oben nach unten.
> Plötzlich schrie ich: Halt! Mir fiel ein Wort auf, das
> ich noch nie zuvor gehört hatte, das Wort Dada.
> «Dada», las Ball und fügte hinzu: «Es ist ein Kinder-
> wort, das Steckenpferd bedeutet.» In diesem Au-
> genblick begriff ich, welche Vorzüge das Wort für
> uns besass. «Nehmen wir das Wort Dada», sagte ich.
> «Es ist für unsere Zwecke wie geschaffen. Der erste
> Kinderlaut ist der Ausdruck für das Primitive, den
> Ansatz beim Nullpunkt, das Neue in unserer Kunst.
> Wir können kein besseres Wort finden.»[95]

Ein brillantes Gedächtnis! Das aufblüht mit den Jahren und einen Reichtum an Details schenkt. Und das
mindestens in einem Punkt verändert worden zu sein
scheint. 1920 handelte es sich einfach darum, einen
Künstlernamen für Madame Le Roy* zu finden. 1936
geht es darum (erklärt Huelsenbeck kurz vor dem

---

* In Wirklichkeit handelt es sich um Madame Leconte, wie Hugo Ball
in seinem bereits zitierten *Cabaret Voltaire* (1916) bestätigt – «Mde.
Hennings und Mde. Leconte sangen französische und dänische
Chansons [an der Soirée vom 5. Februar]» – als auch in seinem Tagebuch unter dem Datum des 7. Februar [1916]. Entweder, so scheint

zitierten Abschnitt), «einen Namen für unsere Idee» zu finden, «einen Slogan, der einem breiten Publikum unsere Haltung in ihrer Gesamtheit zusammenfassen könnte».[96] Wie auch immer, der Anspruch Huelsenbecks, Dada entdeckt zu haben, stösst auf eine ganze Reihe Hindernisse.

Erstens: Die angebliche Bürgschaft Balls stellt sich als nichtig heraus. Rubin scheint den Brief, aus welchem er die oben wiedergegebene Passage zitiert, gar nicht in seinem vollen Umfang gelesen zu haben. In diesem Brief vom 8. November 1926 schreibt nämlich Ball an Huelsenbeck exakt das Folgende:

> Hättest Du Lust, über mein neues Buch («Die Flucht aus der Zeit», ein Tagebuch 1913/1921, Dunker & Humblot) ein paar Zeilen für die «Literarische Welt» zu schreiben? Ich wäre Dir sehr dankbar, damit nicht irgendein Berliner Schnösel dahinterkommt. Ich lasse Dir das Buch natürlich vom Verlag senden. Zu guter Letzt hab auch ich den Dadaismus darin beschrieben (Cabaret und Galerie). Du hättest dann das letzte Wort zur Sache, wie Du das erste hattest.[97]

es, hatte die Sängerin, für die man einen Namen suchte, bereits deren zwei, oder aber das Gedächtnis von Huelsenbeck war schon 1920 lückenhaft …

Wir sehen, dass der Satz in seinem Zusammenhang seine präzise Aussage verliert. Um welches «letzte Wort» zur Sache (d. h. zum Dadaismus) handelt es sich? Vielleicht spielt Ball darauf an, dass Huelsenbeck zu diesem Zeitpunkt bereits (als Erster?) seine Erinnerungen an die Bewegung publiziert hat *(En avant Dada,* 1920[98]). Vielleicht entsprang der Satz auch nur einem spontanen Einfall während des Schreibens, ein Wortspiel, eine rhetorische Figur (genau genommen eine Wortverbindung oder ein Paradoxon: *das erste / das letzte).* Auf jeden Fall haben wir hier keinesfalls eine klare und eindeutige Erklärung.

Dann, und dies ist schwerwiegender, stimmen die Daten nicht überein. Denn gemäss den Anmerkungen im Briefband von Ball beteuert Huelsenbeck, dass diese Entdeckung am «16. oder 17. Februar 1916»[99] stattgefunden habe. Also scheint diese Enthüllung von 1957 wenig mit jenem Datum übereinzustimmen, das wir aus dem Tagebuch von Ball ableiten können, in welches er naturgemäss im Moment oder wenigstens kurz nachdem etwas passiert ist, hineinschreibt:* zwischen dem 12. und 18. April 1916.

---

* Ball führt in wechselnder Häufigkeit Tagebuch. Im April 1916 zum Beispiel: am 2., 11., 13., 14., 18., 21. Das wäre im Durchschnitt etwa alle vier Tage.

Umso mehr – und dies ist entschieden zu viel – als Huelsenbeck am «16. oder 17. Februar» höchstwahrschein-
lich noch gar nicht in Zürich eingetroffen ist. Ball –
trotz einer Unschlüssigkeit[100] – und Tzara datieren die
Ankunft übereinstimmend mit dem 26. Februar: Erste-
rer erwähnt dies schon am 15. Mai 1916 in *Cabaret Voltaire* (erschienen im Juni als früheste Dada-Publikation
überhaupt, ein wahrhaftiger Wiegendruck), Letzterer
1920 im *Dada Almanach,* als dessen Herausgeber niemand anderes zeichnet als … Huelsenbeck![101]

Somit richten sich die Hypothesen und die Ansprü-
che gegenseitig zugrunde; warum also nicht auf die
Stimme eines gesunden Menschenverstandes hören, in
diesem Fall auf Hans Richter? Als er in seinem Buch
jene Zeit in Erinnerung ruft, in welcher er selber zur
kleinen Dada-Gemeinschaft stiess, erklärt der Autor
von *Dada – Kunst und Anti-Kunst* tatsächlich:

> Ich nahm damals ohne Weiteres an (denn, wie ge-
> sagt, niemand fragte danach), dass der Name Dada
> für unsere Bewegung verwandtschaftliche Bezie-
> hungen zu der lebensfrohen Bejahungsformel des
> slawischen «da, da» habe.[102]

Wie könnte denn diese «Annahme» nicht die richtige
sein? Sie ist erhellend, sie klärt alles. Alles strebt auf sie
zu. Die Daten stimmen überein: Etwa Mitte April, so
die verlässlichsten Zeugnisse, setzt sich das Wort Dada

durch. Das heisst mit Sicherheit nach der Ankunft der vier Slawen: Tzara, der Gebrüder Janco und – geben wir dem Namenlosen endlich seinen wahren Namen – Uljanow. Bestimmt aber *nach der russischen Soiree vom 4. März.* Von da an brauchen wir nichts mehr «anzunehmen», wir bedürfen nur kleinster Vorstellungskraft, die winzigen Lücken zu schliessen, so zahlreich sind die Zeugnisse, die es uns erlauben, die Szene schliesslich umfassend zu rekonstruieren – ach! wir müssten fast sagen: die Ur-Szene –, diese Szene, die sich so oft als Ritual wiederholen sollte.

Im verrauchten Lokal drängt sich das Publikum stehend bis an den Rand der kleinen Bühne, die selber von einer fröhlichen Schar überquillt. Zwei Projektoren werfen gigantische Schatten auf die schelmischen Witzbolde, die dort einen grossen Sabbat vollführen: Tzara, Marcel Janco, Ball, Huelsenbeck, Madame Hennings und Arp. Die Leute um sie herum schreien, lachen, gestikulieren. Wellenförmig bewegt sich die Masse manchmal zur Bar hin, dann von ihr weg: Augenblicklich schnappen zehn Hände nach den Bierhumpen, die eben auf einem Tablett gereicht worden sind. Auf der Bühne spielt Janco eine unsichtbare Geige, schlägt Huelsenbeck unaufhörlich eine Kesselpauke – diese ist sehr real –, während Ball, kreideweiss wie ein gediegenes Gespenst, ruckhaft auf dem Klavier spielt. Madame Hennings mit ihrem Madonnengesicht versucht, in die Grätsche zu gehen. Und während alle dies tun, stossen sie Liebesseufzer, Salven von Rülpsern, Gedichtbrocken, «Muh, Muh» und «Miau, Miau» mittelalterlicher Bruitisten aus. Zum erbarmungslos regelmässigen Rhythmus der Kesselpauke lässt Tzara lasziv seinen Hintern hüpfen wie eine orientalische Tänzerin den Bauch. In der zweiten oder dritten Reihe klatscht ein Kerl mit Schirmmütze, dessen Schnauz und kleiner Bart ein wenig die mongoloiden Züge des Gesichtes verbergen, schon ganz rot vom Alkohol und von der Aufregung, hingerissen den Rhythmus mit und billigt jetzt mit lauter Stimme die wirbelnde Zappelei: «Da, da! Da, da!», schreit Lenin im Takt, und Janco stimmt sogleich ein. Zuerst verdutzt, nimmt nun auch die Masse im Chor die schlagenden slawischen Laute auf. «Da, da!» Mit anderen Worten: Ja! Ja! Ja zu Tzara! Ja zum Orient und zu den Bauchtänzerinnen! Ja zum Leben! Ja zum Bordell! Und ja zur Verhöhnung![103]

VI

EINE FRAPPANTE GRAPHOLOGISCHE ENTDECKUNG

Das Wohlgefallen, das Lenin und Tzara inmitten des turbulenten Festes aneinander finden, hat eine weniger spielerische denn tiefe Bedeutung. Wir hätten nicht den Schluss nahegelegt, dass Lenin am Ursprung des Initialwortes «Dada» steht, wenn wir nicht weitere Hinweise hätten, die, was noch viel aufregender ist, auf eine erstaunliche Nähe der beiden Männer schliessen lassen. Denn Verlautbarungen und Tatsachen sind zweierlei, besonders wenn Letztere allmählich zu gegensätzlichen Schlussfolgerungen führen, weil sie in ihrer Übereinstimmung ein neues Paket von Vermutungen bilden. Worauf sollen wir vertrauen? Auf Positionen Lenins, die von Autoren, übrigens ohne Beleg oder Quellenangabe, überliefert sind («Ich lasse die Schöpfungen des Expressionismus, Futurismus, Kubismus und aller ‹ismen› nicht als höchste Offenbarung künstlerischen Genies gelten. Ich verstehe sie nicht, und sie bereiten mir keine Freude»[104]),[*] oder aber auf die vielen übereinstimmen-

---

[*] Wir merken im Übrigen an, dass die anerkanntesten Dadaisten gelegentlich ähnliche Äusserungen machen. Zuerst Tzara: «Dada ist (...) entschieden gegen die Zukunft» (Manifest des Herrn Antipyrine,

den Zeichen seiner Teilnahme an den Dada-Soireen? Auf beide, sagen wir uns. Denn in einer Künstlerkneipe Schabernack zu treiben – selbst wenn sie als Ort des literarischen Lebens gilt –, zwingt einen mitnichten, sich auch sämtliche ästhetischen Anliegen ihrer Verwalter zu eigen zu machen. Leider, ihr Ungläubigen, werdet ihr schon bald die Waffen strecken müssen. Denn es ist offensichtlich, dass der zukünftige Chef der bolschewistischen Revolution sich nicht damit zufriedengab, an den Soireen teilzunehmen. Seine Kollaboration mit Dada war viel enger und grundlegender.

Um uns davon zu überzeugen, brauchen wir die Schriften nicht einmal zu lesen. Es genügt bereits, sie zu *sehen*. Lasst uns das näher erklären, erklären wir, wie wir fast durch Zufall und wider Willen zur frappanten Entdeckung gelangt sind, die fortan alle ernsthaften Historiker – was sage ich? Alle Lebewesen mit gesundem Menschenverstand – zwingen wird, eine Reihe bisheriger Gewissheiten über Lenin, den Dadaismus und die zeitgenössische Geschichte zu überprüfen, so wie wir selbst es auf Gedeih und Verderb haben tun müssen.

Wir waren also eines schönen Nachmittags im Herbst

---

a.a.O., S. 14) oder «Wir haben die kubistischen und futuristischen Akademien satt» (Dada Manifest 1918, a.a.O., S. 19). Dann Huelsenbeck, der zusätzlich den Expressionismus attackiert *(En avant Dada, a.a.O. passim)*. Schliesslich ist uns auch nicht entgangen, dass der Autor (?) dieser offensichtlich bildungsfeindlichen Zeilen sich wohlweislich hütet, Dada anzugreifen.

in der Bibliothek Doucet in Paris gerade damit beschäftigt, die Signaturen sämtlicher dadaistischer Manuskripte der Jahre 1916/1917 zu notieren, getrieben von der beinahe verrückten Hoffnung, dort einen Hinweis – einen Satz, eine Zeile, ein Wort, ja, auch nur eine Abkürzung – zu finden, der von den möglichen Kontakten Lenins mit Dada zeugt, da kam der diensthabende Konservator François Chapon, dem wir vorgängig eine Vollmacht von Christophe, dem Sohn Tristans, vorgelegt hatten, um uns das erste der gewünschten Dossiers zu bringen. Als wir es in der Ruhe und im ungestörten Dämmerlicht der Bibliothek auf gut Glück öffnen, gleichermassen behutsam vor Hochachtung und zitternd vor Ungeduld, und wir die vergilbten Blätter des Manuskriptes TZR 6 (Abb. 5) an dieser Ecke des Tisches aus poliertem Holz vor uns ausbreiten, werden wir wie vom Blitzschlag getroffen. Eine Lupe? Nicht nötig, das springt in die Augen. Ein Archivierungsfehler? Irrtum ausgeschlossen, die Blatt-Rückseite trägt den Schriftkopf «Mouvement Dada – Zurich», und auf der Vorderseite – die Streichungen lassen ohne Zweifel auf ein Original schliessen – befinden sich drei Viertel des Gedichtes «Arc», das wahrscheinlich 1916 oder 1917[105] geschrieben und zum ersten Mal in der Zeitschrift *Sic* (Nr. 32, Oktober 1918) publiziert, dann in einer der ersten Gedichtsammlungen Tzaras, *De nos oiseaux,*[106] neu aufgelegt wurde. Der Blitzschlag! Das Manuskript IST IN DER HANDSCHRIFT LENINS ABGEFASST!

Abb. 5: Faksimile des Tzara zugeschriebenen Manuskripts mit dem Gedicht «Arc» (Bibliothèque Doucet, Paris).

Arc

les virages de quelques lignes
autour d'un point
aux bouts des doigts
avec l'odeur de pétrole et de bromures
chaque objet remue une lettre   et j'écris des lettres
précipices
                                      la fatigue coupée en lettres
poste d'observation
de précision dans l'attente   la station sur la carte
j'ai collé le timbre   dantelle de sang à profondeur aurore
contours couleurs détonations cris rires
le voile toujours rouge le mât bizarre oiseaux volant en bas
                                      taches de pétrole
volant vers le voile le mât bizarre remue l'alphabet

dans ce changement de température

pas irritable d'une musique à vivre
                                      appellant d'autres saisons
                                      d'une lumière antécédente
sur un pôle
je récite   quelle pensée court à travers le cirque
ton cerveau   et la résistance
si flexible et pardessus tout transformable
se journe clair en ce moment
si l'on commence   l'obscurité remue flux fleurs de sciences
le silence heureux   gramophone remue vers
                                      la fin de la code
stop   concentre ces instants
le flacon remplace les âmes   gramophone mené par la
                                      puissance du phosphore
voit la danse à jamais
                       et la luminosité   plantes
                       avancent   ruisselant emcadrant
                       la pensée =   mouvement remue inter
                       devant le paon fabriquer le crâne
                                      du mot

Sobald die ersten Momente der Bestürzung vorbei sind, kommen wir wieder zu uns: Man kann ein noch so guter Kenner von Lenins Manuskripten in französischer Sprache sein, noch so feinfühlig für Eigenheiten seiner Schrift in ebendieser Sprache, wir dürfen es nicht bei einem Eindruck bewenden lassen, so umwerfend auch immer er sein mag. Wir lassen also diese Manuskripte von «Tzara» fotografieren und wollen sie mit den bekannten Handschriften Lenins vergleichen. Von beiden lassen wir Proben vergrössern. Und … jeder Zweifel ist ausgeräumt. Jede und jeder urteile selbst.

Wir mussten zuerst die besonderen, aber konstant auftretenden Züge der Handschrift Lenins ermitteln. Wir bedienen uns dazu dreier Dokumente, die zeitlich genügend weit auseinanderliegen: ein Brief Lenins an Camille Huysmans, den Sekretär des Büros der Sozialistischen Internationale, datiert vom 8. Juli 1905 (Abb. 6), ein weiterer an denselben Adressaten vom 10. November 1912[107] (Abb. 7) und schliesslich die erste Seite des Textes «La tâche des représentants de la gauche de Zimmerwald dans le parti socialiste suisse», der von Lenin Anfang November 1916 eigenhändig geschrieben worden war[108] (Abb. 8). Legen wir jetzt das Tzara zugeschriebene Dokument daneben. Was beobachten wir? Der Gesamteindruck des Schriftbildes, seine Neigung nach rechts, sein Schwung entsprechen sich. Vor allem aber finden sich die typischen Schriftmerkmale von Lenin – vergrössert – genauestens im Manuskript

P. ti Ouvrier
Démocrate - Socialiste
de Russie.

⌐ RÉDACTION ⌐

ADRESSE :

V. OULIANOFF
3, Rue de la Colline, 3
GENÈVE (Suisse)

10 JUIL 1905

Genève, le 8 juillet 1905

241

Chers citoyens !

Nous avons reçu la moitié de la somme que vous avez envoyée aux démocrates-socialistes de Russie c'est à dire frs 2524. 61/2 centimes. Mais c'était une erreur d'adresser cette somme à camarade Plekhanoff. Nous avons déjà eu l'honneur de vous informer que camarade Plekhanoff n'est plus le représentant de notre parti et que dans toutes les circonstances concernant notre parti il faut s'adresser exclusivement à l'adresse du Comité Central de notre parti, c. à d. à Mr. Oulia-

65

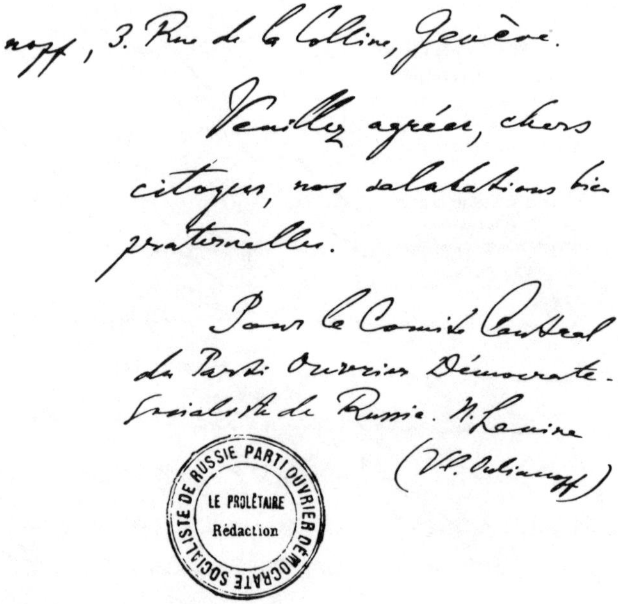

Abb. 6: Faksimile des Lenin-Briefes vom 8. Juli 1905 an das Büro der Sozialistischen Internationale (Archiv Huysmans, Paris).

Abb. 7: Faksimile des Lenin-Briefes vom 10. November 1912 an Camille Huysmans (Archiv Huysmans, Paris).

Cracovie, le 10 nov. 1912.

Cher camarade Rupsmann,

Je vous remercie beaucoup
pour votre communication. Nous
Tâcherons de prendre les mesu-
res pour la nomination de vos
délégués au congrès de Bâle.

Le mandataire de
notre parti à la commission
pour la rédaction du projet
de résolution sera désigné le

plus tôt possible.

Salutations frater-
nelles N.Lénine.

10280

P.S. Je suis obligé de
présenter au Comité Central
de notre parti un rapport
sur la dernière séance de U.S.
i. Pour préparer cet rapport
j'ai besoin de quelques in-
formations. Je sais bien que
vous êtes très occupé
et je vous prie d'accor-
der une audience de 5
minutes au camarade Po-

von Tzara wieder: die besondere Art, die «d», die «g», die «p» und die «q» zu schreiben, diese lang gezogenen Querstriche zu Beginn der «t» oder – was noch weniger verbreitet ist – weit entfernte «t» mit einem einzigen horizontalen Strich miteinander zu verbinden (Abb. 9).

Jeder Zweifel scheint ausgeschlossen. *Alle diese Manuskripte sind von ein und derselben Hand geschrieben.* Uns bleibt einzig, diese unglaubliche Entdeckung zu deuten. Logischerweise sind zwei Erklärungen möglich: Entweder hat Tzara die französischen Manuskripte von Lenin geschrieben; oder aber Lenin hat mindestens eines der Gedichte von Tzara geschrieben.

Bevor wir versuchen, eine dieser Alternativen auszuschliessen, halten wir einen Augenblick inne. Denn grundsätzlich messen wir der Absicht wenig Bedeutung zu, die hinter dieser Täuschung oder mindestens Identitätsverwirrung stand. Was auch immer des Rätsels Lösung sein mag, die Folgen sind eindrücklich, und warum es nicht aussprechen, sie werfen uns aus dem Geleise: Zwei der wichtigsten Bewegungen des 20. Jahrhunderts, die vergleichbar sind in ihrer Intensität, ihrer Dynamik und der Stärke ihrer Nachfolge, jedoch diametral entgegengesetzt bezüglich ihres bevorzugten Geltungsbereichs wie auch in ihren letzten Absichten – die eine so politisch wie die andere künstlerisch, hier Utopie und Zukunftsglaube, dort Nihilismus –, diese zwei Bewegungen hätten also in Wirklichkeit in der Person ihrer beiden Rädelsführer grundsätzlich miteinan-

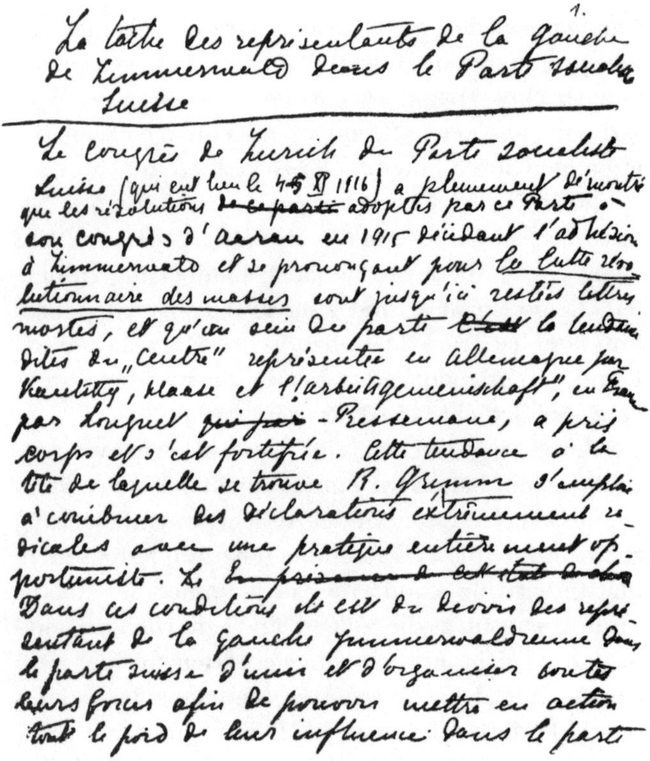

Abb. 8: Verkleinerte Wiedergabe der ersten Seite des handschriftlichen Manuskripts mit dem Titel «La tâche des représentants de la gauche de Zimmerwald dans le parti socialiste suisse», welches von Lenin in französischer Sprache niedergeschrieben worden war (aus: Maurice Pianzola, Lénine en Suisse, Genf 1952).

Lenin	Tzara

Legende: A = Vorderseite des «Arc»-Manuskriptes
B = Rückseite des «Arc»-Manuskriptes
C = Lenin-Brief von 1905
D = Lenin-Brief von 1912
E = Manuskript Lenins von 1916

Abb. 9: Vergleichende Darstellung der besonderen Art, die «d», die «g», die «p», die «q» und die «t» zu schreiben und die «t» mit einem einzigen horizontalen Strich zu verbinden; links bei Lenin, rechts in dem Tzara zugeschriebenen «Arc»-Manuskript.

der in Verbindung gestanden, ja, in gewisser Hinsicht wären darin die beiden NUR EINE GEWESEN! Aber welche der beiden hat die andere verseucht – oder eher, um diese tendenziöse Bildsprache zu vermeiden: beeinflusst? Das ist eine andere Frage. Sie überfordert uns. Wir werden weiter unten lediglich auf einige Spuren hinweisen.

Bis es so weit ist, wenden wir uns wieder dem Manuskript zu. Wer also hat «Arc» geschrieben? Eine seltsame Zeichnung (B) auf der zweiten Seite belegt eindrücklich die Ungewissheit, in der wir uns befinden. Das Porträt, das der Autor des Gedichtes an den Blattrand kritzelte, zeigt uns einen kahlköpfigen Mann, in dem wir mit etwas gutem Willen und ein klein wenig psychoanalytischem Sinn für Verdichtung und Verschiebung unschwer Lenin wiedererkennen (Abb. 10). Also? Porträt (von Tzara) oder Selbstporträt – eines dieser Selbstporträts, wie wir sie alle in Momenten der Zerstreuung oder gar ungestümem intellektuellem Aufbruch kritzeln?

Selbstporträt, ohne Zweifel. Denn, wir geben es zu, unsere erste Hypothese, wonach Tzara die Manuskripte von Lenin verfasst haben könnte, ist ganz und gar unwahrscheinlich: 1905, als das erste von ihnen geschrieben worden war, war der künftige Tzara, der sich damals noch Samuel Rosenstock nannte und in Moinesti (Provinz Baku, Rumänien) wohnte, gerade … neun Jahre alt. Nur das Gegenteil also scheint möglich. Dass Lenin nämlich der Autor *all* dieser Manuskripte ist, die hier

Abb. 10: Rückseite des «Arc»-Manuskripts (Detail).

berücksichtigt wurden, und dies ist ganz buchstäblich umwerfend. Wenn schon, denn schon! Das Gegenteil hätte man wohl rascher gelten lassen.

VII

TZARA, DALÍ UND LENIN

Sowohl bei Dada im Allgemeinen wie auch bei Tzara im Besonderen erkennen wir einen Hang zum Leninismus. Nicht nur beim Lesen einiger Zeitungen, die alles verdrehen, wie etwa das *Neue Winterthurer Tagblatt,* das 1919 gegen Dada aufbraust:

> Wir lehnen diesen Bolschewismus in der Kunst so glatt ab wie den Bolschewismus überhaupt.

(Huelsenbeck zitiert diesen Satz mit spitzbübischer Freude im Kapitel «Kritiken aus allen Zeitungen der Welt» in seinem *Dada Almanach* von 1920.[109]) Und nicht nur, weil wir wissen, was sich in Berlin bereits Ende 1918 ereignet: Huelsenbeck, Hausmann und Heartfield, ganz zu schweigen vom «Oberdada» Baader, stossen zur revolutionären Bewegung; im Januar, Februar und dann im April 1920 unternehmen Huelsenbeck und Hausmann eine Vortragsreise, während der sie «unter dem Deckmantel der Kunst kommunistische Parolen propagieren» und, so Hugnet, «vor aller Augen für das von Lenin in Russland installierte Regime tätig sind»;[110] nach 1922 treten Grosz, Heartfield und sein Bruder

Herzfelde in aller Form der Kommunistischen Partei bei. Nein. Wenn so viele Dadaisten sich derart mühelos dem Leninismus anschliessen, so deshalb, weil es in Dada eine Veranlagung gibt, die dies begünstigt. Es genügte der Ausbruch der Russischen Revolution, damit diese Anlagen plötzlich zum Vorschein kamen. Als Fritz Platten, der Sekretär der Sozialdemokratischen Partei der Schweiz, 1917 mit Neuigkeiten aus Moskau nach Zürich zurückkehrte (erzählt Tzara dreissig Jahre später),

> ... haben von den Zürcher Dadaisten Ball (der sich von dem Moment an ausschliesslich der politischen Arbeit widmete), Serner und ich selbst die Russische Revolution deshalb begrüsst, weil sie die einzige Möglichkeit darstellte, dem Krieg ein Ende zu bereiten, und wir haben dem auch Ausdruck gegeben mit einem um so grösseren Eifer, als wir seit jeher gegen den weinerlichen und humanitären Pazifismus zu Felde gezogen sind, dessen moralisierende Appelle damals stark in Mode waren und uns besonders gefährlich schienen.[111]

Die Abneigung gegenüber dem «weinerlichen Pazifismus» ist nur eine der Gemeinsamkeiten beider Bewegungen. Weitere, viel grundlegendere Übereinstimmungen lassen eine solche Annäherung weniger überraschend erscheinen: der Internationalismus, die ätzende Kritik an der anachronistischen Bourgeoisie,[112] der Wille, die Welt zu verändern (oder mindestens sie über den Haufen zu werfen) bis hinein in (oder für Dada: *besonders* in) ihren «Überbau», und schliesslich der Glaube an die dabei unentbehrliche Rolle einer Avantgarde. (Bei Lenin ist dies seit 1894 die Idee von der Notwendigkeit einer Partei von Berufsmilitanten als Führer der Arbeiterklasse, die ihrerseits die Avantgarde der Revolution sei; im Kreis von Ball und Tzara ist dies die Realität der kleinen Zürcher Gruppe, dann der Dada-Gruppen in Berlin, Köln oder Paris.) Manchmal übrigens wurden diese verwandtschaftlichen Bindungen, sogar ausserhalb des Sonderfalles Berlin, rasch miteinander verzahnt und vermischt. Zum Beweis, beispielsweise, sei die Spezialausgabe der ungarischen Zeitschrift *Ma* angeführt, eine mehrseitige Flugschrift mit revolutionären Gedichten, Artikeln über die Russische Revolution und einem Auszug aus *Der Staat und die Revolution* von Lenin, der sich, wie der Historiker Miklós Béládi anmerkt, «durch einen aggressiven und verzweifelten Stil» auszeichnet, *«kurz, durch einen Dadaismus,* der Taktlosigkeit und subversiven Geist zur Schau stellt».[113]

Diese Einschätzung trifft in noch viel höherem Masse auf Tzara selbst zu. Nicht nur auf den Nachkriegs-Tzara, der 1947 der Kommunistischen Partei Frankreichs beitritt, der im Spätsommer 1948 an einem internationalen Treffen in Genf erklärt: «Die Avantgarde hat einen einzigen Träger» und der, nachdem er den Surrealismus gelobt hat, weil er «die Verwandlung der poetischen Revolte in ein revolutionäres Gefühl bewusst gemacht» habe, davon spricht, noch weiterzugehen, um «einen radikalen Wandel der aktuellen Gesellschaft» zu verwirklichen.[114] Sondern schon auf den Tzara in den Anfängen von Dada. Es wird zum Beispiel oft von seinem Individualismus gesprochen. Aber hat schon jemand darauf hingewiesen, dass es bereits in den ersten Jahren so etwas wie einen «Kollektivismus» bei Tzara gibt? *«Gemeinsam und anonym* müssen wir an der Kathedrale des Lebens arbeiten, das wir vorbereiten», bringt unser «Individualist» tatsächlich 1917 in einem Text über Reverdy in Umlauf.[115] Und was gibt es weniger Individualistisches, was Anonymeres als seine berühmte Methode, «ein dadaistisches Gedicht zu machen»,[116] indem er, den Gesetzen des Zufalles folgend, aus Zeitungsartikeln geschnittene Worte aneinanderreiht, und er somit lange vor den «cut up» der Herren Gysin und Burroughs die Anwendung des Duchampschen Begriffes «ready made» in die Poesie umsetzt? Während er sich allmählich politisiert, tritt dieser schöpferische Sinn fürs Gemeinsame mit Hilfe einer – wie einige schätzen – «unglaublichen dialektischen Akrobatik»[117] in dem Moment ganz deutlich zutage, als Tzara der surrealistischen Bewegung (1929) «begegnet» und an ihrer Zeitschrift *Le Surréalisme au service de la révolution* mitarbeitet. «Handeln, wirklich handeln. (…) Die soziale Revolution bedarf nicht der Poesie, aber die Poesie bedarf der Revolution»,[118] verkündet er dort, bevor er die Wiederaufnahme der Parole von Lautréamont «auf wissenschaftlicher Grundlage» vorschlägt: «Die Poesie muss von allen gemacht werden. Nicht von einem einzigen.»[119] Dies treibt er so weit voran, bis er schliesslich, so Micheline Tison-Braun, nach 1947 imstande ist, «in Stalin den Fourier von Dada zu sehen».[120]

Alle diese Gründe, so möchten wir meinen, machen es eher plausibel, Tzara habe einige Lenin-Texte geschrieben, plausibler jedenfalls als das Gegenteil. Wenn wir jedoch achtgeben, erlauben sie uns auch, das Umgekehrte zu verstehen – oder, genauer, warum es schliesslich das Gegenteil ist, das aller Wahrscheinlichkeit nach wahr sein kann. Die frühere Offenheit des Autors vom *Manifest des Herrn Antipyrine* einigen leninistischen Themen gegenüber erklärt tatsächlich, dass zwischen den beiden Männern eine Zuneigung entstanden sein könnte, eine Zuneigung, die mindestens einer von beiden zur intellektuellen Intimität, ja gar zeitweisen Identität hat anwachsen lassen. Ein Wesenszug Tzaras erhellt im Übrigen dieses Phänomen, ohne dass wir sagen könnten, ob er Ursache oder Wirkung seines Umganges mit Lenin ist. Es ist dies die seltsame und fundamentale Dualität, die wir bei ihm ständig beobachten können – auch wenn das seiner Meinung nach gerade den Menschen ausmacht –, dieses generalisierte «Ich ist ein anderer», dessen verwirrende Ausformulierung wir in einigen nach dem Tode Lenins verfassten Texten finden, etwa in *L'homme approximatif* (1931) oder in *Grains et issues* (1935). So schreibt er über seinen «ungefähren Mann»:

> In der Tiefe ganz in der Tiefe die er verhüllt sieht er sieht er ein anderes im Innern verborgenes Auge.[121]

oder lässt ihn sagen:

> … wer spricht ich bin allein
> ich bin nur ein kleines Geräusch *ich habe mehrere Geräusche in mir*[122]

oder erzählt in der selbstanalytisch-onirischen* Art von *Grains et issues:*

> Ich folgte in der Nacht einer dieser elenden Gestalten der Nacht, einem wahrhaft namenlosen Emigranten …[123]

Aus diesem Satz könnten alle rechtschaffenen Praktiker der Exegese, die sich so zahlreich an unseren Uni-

---

* onirique: traumhaft. Gemäss einer Definition des Surrealisten André Breton wird etwas als «onirique» bezeichnet, was «nur im Traum zu sehen» ist. Die Eindeutschung «onirisch» bewahrt das Anagramm «ironisch». Anm. d. Übers.

versitäten tummeln, mühelos eine sehr genaue Anspielung auf das nächtliche Inkognito Uljanows vom
Cabaret Voltaire heraushören. Aber auch ohne ein sol-
ches hermeneutisches Talent zucken wir zusammen,
wenn wir einige Zeilen weiter unten lesen:

> Am Gängelband führt der Mann einen anderen
> Mann oder er spaziert Hand in Hand an dessen
> Seite und doch ist der eine im anderen eingeschlos-
> sen …[124]

«Der eine» wie Tzara und «der andere» wie Lenin (oder
doch umgekehrt)? Es mag willkürlich erscheinen, diesen unbestimmten Fürwörtern Namen zu geben, aber
es ist dies weniger, wenn wir darin zwar nicht ein Ge-
ständnis, so doch die nachträgliche Versinnbildlichung
der befremdlichen intellektuellen Beziehung zwischen
den beiden Männern sehen, die wie der Einsiedler-
krebs nach ihrer Muschel verlangen.

Nachdem wir diese Tatsache festgestellt und zum
Teil auch erklärt haben, müssen wir jetzt auf ihre Folgen zurückkommen. Hat der Russe nur einige Gedichte verfasst, die darauf vom Rumänen veröffentlicht wurden? Wahrscheinlich nicht. Der direkte Einfluss Lenins
klärt auch einen anderen Aspekt der Geschichte Dadas
in Zürich, eine Entwicklung, die mehrere Historiker
zwar erwähnten, aber die zu erklären sich bisher niemand getraut hat: die «Institutionalisierung» von Dada,

der Übergang des eklektischen und spielerischen Dada zu einem kohärenten, in sich geschlossenen und organisierten Dada. Denn zu Beginn des Cabaret Voltaire herrschen die ausdrucksstarken Werte des Individualismus und Subjektivismus vor, auch wenn dies vielleicht nur in der Persönlichkeit und der Vergangenheit eines Hugo Ball oder Richard Huelsenbeck begründet sein mag. Ab einem bestimmten Zeitpunkt aber werden wir «die Gruppe sich eine Identität schmieden» sehen, «indem die expressionistischen Wurzeln der meisten Mitglieder gekappt werden», beschreibt der belgische Kritiker Jean-Paul Bier. Und so führte

> die anti-individualistische Haltung und der miteinander abgesprochene Wille, das subjektive Element zu unterdrücken (…) zu einem Wildwuchs kollektiver Aktion, wovon unter anderen das «Simultangedicht» und die poetische Arbeit im Team Zeugnis geben.[125]

Jetzt auf einmal beginnt eine neue Phase dieser Bewegung,

> jene der Strukturierung und Institutionalisierung, die Tzara seit Juni 1916 betreibt, und jene der Festsetzung eines zur äusseren Welt in Opposition stehenden Programms, *dessen Ziel weniger ästhetischer oder stilistischer denn ideologischer Natur zu sein schien.*[126]

Wie in alldem, was über Tzara inszeniert wurde, nicht die Hand Lenins sehen, diesem schon immer ausgekochten Ideologen und Organisatoren? Und die «Reflexion über die Produktions- und Rezeptionsbedingungen künstlerischer Aktivität», die, so derselbe Autor, Dada anreisst, erklärt sie nicht auch, dass der 1917 nach Berlin zurückgekehrte Huelsenbeck sich «fast ausschliesslich einer polemischen und organisatorischen Aufgabe» widmet? Lenin, sage ich euch, noch einmal Lenin, immer Lenin!

Wir sehen, dass die vom Kritiker Kleinschmidt überlieferte Äusserung Tzaras gegenüber Pariser Freunden, wonach er in Zürich mit Lenin «Ideen ausgetauscht» habe, es unbedingt verdient, an gutem Platz in die (noch zu schreibende) Anthologie der schönsten und humorvollsten Litotes* der Menschheitsgeschichte aufgenommen zu werden. Nie war der englische Begriff des «Understatement», der die Bedeutung einer «Erklärung» untertreibt, angebrachter. Aber warum hat Tzara nie mehr darüber verlauten lassen? Gelten die Gründe, die wir für das Schweigen der anderen vorgebracht haben – Unkenntnis oder Verschwiegenheit[127] – auch für ihn? Und überhaupt, gelten sie wirklich für die anderen? Wir erwähnten bereits, dass die Surrealisten zumindest etwas davon *ahnten*, als sie 1930 in ihrer Re-

---

* Litotes: Redefigur, die durch doppelte Verneinung eine zumindest vorsichtige Behauptung ausdrückt. Anm. d. Übers.

vue[128] ein wenig konventionelles Porträt von Lenin veröffentlich haben. Nur vermutet? Oder *gewusst?*

Einer wenigstens scheint es gewusst zu haben. Das Lustigste ist, dass er es nicht *für sich behalten* hat. Wenn wir so wollen und gelten lassen, dass es nicht nur akustische Schreie gibt, hat er es sogar von den Dächern gepfiffen. Er hat es gemalt. Es ist Dalí. Und genau zum selben Moment: 1931. Das Bild misst ein Meter sechsundvierzig auf ein Meter vierzehn, und es befindet sich in Paris im «Musée national d'art moderne» in der vierten Etage des «Centre Pompidou». Es heisst *Hallucination partielle, six images de Lénine sur un piano*[129] (teilweise vorhandene Halluzination, sechs Erscheinungen Lenins auf einem Klavier). Der zweite Teil dieses Titels beschreibt das Wesentliche – das Schlagendste, wenn wir so sagen dürfen, da es sich um einen Flügel handelt –, aber der Inhalt des Bildes ist damit noch lange nicht erschöpfend erklärt (Abb. 11). Denn, um irgendwo anzufangen, auf dem Klavier lehnt eine Partitur, wo wir aber anstelle der Noten Ameisen vorfinden. Diejenigen, die mit dem Schaffen Dalís vertraut sind, werden nicht erstaunt sein, dort diese Insekten anzutreffen, die seit seinem berühmten *Chien andalou* in seinem Œuvre herumkrabbeln (siehe zum Beispiel *Die Ameisen,* chinesische Tusche auf Papier, 1937). Der Maler hat erzählt, dass ihm die Vision dieser durchlöcherten und von Ameisen wimmelnden Hand in einem Traum erschienen sei. Mag sein. Aber wir wissen um die Freundschaft,

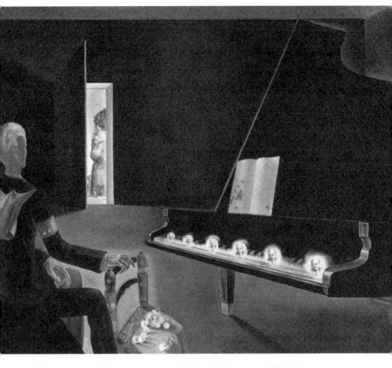

Abb. 11: «Hallucination partielle, six images de Lénine sur un piano» (1931) von Salvador Dalí (Centre Pompidou, Paris; Demart pro Arte B.V.).

die ihn mit Tzara verband (dessen Buch *Grains et issues*[130] er 1935, das heisst nach seinem Ausschluss aus der surrealistischen Gruppe, illustriert hat und dessen Werk er, wie auch sein Freund Buñuel, kannte, bereits

bevor er nach Paris kam). Nun hat aber Tzara 1919 –
das heisst neun Jahre vor *Un chien andalou!* – das Gedicht «Cirque» veröffentlicht, wo wir lesen können:

> es ist spät
> in allen Ecken finden sich unregelmässige
>   Tambouren-Schläge
> wenn ich nur singen könnte
> immer der Gleiche immer irgendwo
> dieses gleissende Licht *die Ameisen die Transparenz*
> *auftauchend aus der schuldigen Hand* ...[131]

Kein Kommentar. Höchstens, um auf unsere kleinen
Hautflügler zurückzukommen, die Bemerkung, dass
ihre Anordnung auf der weissen Seite des Notenblattes
auf verwirrende Art an die Worte oder Buchstaben in
einigen dadaistischen Kalligrammen erinnert, im besonderen an jene von Tzara (schon wieder er!); sie sind
in seinen *Gesammelten Werken* im Anschluss an *Cœur à*
gaz abgebildet und stammen also aus dem Jahr 1921
(Abb. 12).[132]

Wir seien etwas allzu sehr auf Tzara fixiert! Genug
verballhornt!, hören wir. Geduld (wagten wir anzumer-
ken, wenn wir Lacan oder Wortspiele liebten), wir blei-
ben am Ball, und dieser ist auch schon im Anzug! Denn
wenn wir jetzt unseren Blick auf die linke Bildseite glei-
ten lassen, was sehen wir da? Einen Mann, gross und
hager, schwarz gekleidet, der etwas steif dasitzt – offen-

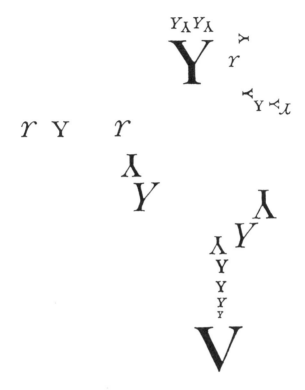

Abb. 12: Letzte Seite von «Cœur à gaz» von Tristan Tzara.

sichtlich der Klavierspieler –, an dessen Rücken ein
sehr kurzer Umhang von heller Farbe geheftet ist, am
Arm eine Binde mit zwei Kirschen, die rechte Hand
hält die Rückenlehne eines Stuhles. Wer ist dieser
Mann? Was bedeuten diese Kirschen und dieser Stuhl?

In einem Wort, so gut wie in dreien: dada, DADA, *DADA!*
Erklären wir uns. Zuerst die beiden Kirschen, die wie
ein Emblem an der Armbinde haften. Wir könnten darin ein künstlerisches Gestaltungsmittel sehen, mit welchem das Thema der auf dem Stuhl verteilten, einem
Stillleben ähnlichen Kirschen aufgegriffen wird. Oder
ein Gestaltungsmittel mit politischem[*] Einschlag oder
sexueller (testikulärer) Tönung. Doch wer durchschaut
nicht den wirklich abgeschmackten und willkürlichen
Charakter einer solchen Deutung? Warum nicht jene
Erklärung gelten lassen, die gleichermassen reichhal-
tig und einfach ist – und halt erneut auf Tzara anspielt?
Denn obzwar wir uns nicht in Details des Werkes des
rumänischen Dichters verlieren wollen, wo noch jeder
seines Berufes würdige Semiotiker die thematische
und semiologische Bedeutung der Frucht im Allgemei-

---

[*] In eine solche Richtung weist uns ein nicht signierter Text im «Musée national d'art moderne» (im «Centre Pompidou»), der die Öf-
fentlichkeit folgendermassen informiert: «Es handelt sich darum,
auf dem Umweg über sozusagen ‹täuschend-ähnliche› Bilder oniri-
sche Visionen wiederzugeben, die – unter einem unbegründeten
und willkürlichen Anschein – eine heimliche Notwendigkeit, eine
tiefere Bedeutung verborgen halten. (...) Dalí systematisiert das
Verfahren in *Hallucination partielle, six images de Lénine sur un piano*
(1931), da die Kirschen, auf dem Stuhl noch Stillleben und dekora-
tives Motiv, auf der Armbinde des Pianisten eine politische ‹Fär-
bung› annehmen, und so rückwirkend die Erscheinung Lenins auf
dem Klavier rechtfertigen ...»

nen und der Kirsche im Besonderen* hervorgehoben
hätte, kommen wir nicht drum herum, die *einzige* abge-
bildete Zeichnung in einem seiner berühmtesten Texte,
Le cœur à gaz,[133] in Erinnerung zu rufen, nämlich – wie
eine Hieroglyphe oder ein Wahrzeichen: zwei Kirschen
(Abb. 13)!

Wer ist nun der grosse magere Pianist, Kirschen-
Liebhaber, steif wie eine Schaufensterpuppe, schwarz
gekleidet, der einen kleinen Umhang angeheftet hat
und die Rückenlehne eines Stuhles hält? Lassen wir
darauf andere antworten, die dazu berufener sind als
wir. Hans Richter: «ein ziemlich verhungerter, leicht
pockennarbiger, langer und sehr dünner (...), stets
priesterhaft schwarz gekleideter Ball. (...) So waren sie

---

*   Siehe zum Beispiel: «die Augen der Früchte schauen uns aufmerk-
    sam an» oder «weil du den Kern nicht zerbrechen kannst (...), leckst
    du das Fruchtfleisch ab, und im Innern gibt es das Geheimnis»
    (*L'homme approximatif,* a.a.O., S. 20–21) oder auch: «Bindfaden-Mann,
    gestützt von Blasen wie ihr und die anderen. Spielt uns – o Kirschen-
    baum – zur Porzellanblume auf der Violine die Keuschheit, der Tod
    ist kurz und auf dem Asphalt auf der Todes-Posaune gar gekocht» (*Le
    cœur à gaz,* Akt iii, in: *Œuvres complètes,* Bd. i, a.a.O., S. 158).
        Wenn wir die Zeit dazu hätten, machten wir uns nebenbei die
    Freude, das genau zu beschreiben, was dieses Zitat wie eine voraus-
    gehende Beschwörung des Bildes von Dalí erscheinen lässt (Schau-
    fensterpuppe Ball – «Bindfaden-Mann» – *wie die anderen* in der Hand
    Lenins; die sechs *Blasen* in Form von Lenin-Köpfen; «Violine» und
    «Posaune», das Orchester des Cabaret Voltaire; «o Kirschenbaum»
    usw.). Ausser der durch Tzara aufgeklärte Dalí hätte genau diese
    Stelle in seinem Bild illustrieren wollen ...

fin

l' A mour

Abb. 13: Die Zeichnung zweier Kirschen in «Le Cœur à gaz» von Tristan Tzara.

also sechsstimmig in diesem Voltaire-Orchester. Jeder spielte sein eigenes ‹Instrument›.»[134] Hans Arp: «Ball, kreideweiss wie ein gediegenes Gespenst, (...) am Klavier.»[135] Georges Hugnet: «Janco entwarf für seine Vorstellungen Kostüme (...) aus Stofffetzen (...), die mit Nadeln angeheftet waren ...»[136] Hugo Ball: «Ich trug

Abb. 14: Hugo Ball im Jahr 1912.

ein spezielles Kostüm von Janco und mir entworfen. (...) Darüber trug ich einen riesigen (...) Mantelkragen.»[137] Georges Hugnet: «Tzara erfand die chemischen und statischen Gedichte. Das statische Gedicht bestand aus Stühlen ...»[138] Was braucht es mehr? Die Zitate sprechen für sich: Wenn alle diese Aussagen über die ersten Dada-Soireen in Zürich so ungezwungen auch das Bild von Dalí beschreiben, *rührt das daher, dass dieses Bild tatsächlich eine Hommage ans Cabaret Voltaire darstellt,* die im Übrigen in mehr als einem Punkt mit jener

Abb. 15: «Hallucination partielle» von Dalí (Detail) ... und «Cabaret Voltaire», Öl auf Leinwand, 1916 (verschollen), von Marcel Janco (Detail).

Marcel Jancos übereinstimmt (Abb. 15). Und die sechs
«Bilder» oder «Erscheinungen» Lenins auf dem Klavier bedeuten gewissermassen die sechsfache Anwesenheit Lenins neben jedem der sechs Mitglieder des
«Voltaire-Orchesters».[*] Sollte uns aber jemand stör-
risch entgegenhalten, wir würden entschieden zu viel
in ein einziges Bild hineindeuten, erwiderten wir ihr
(oder ihm), dass wir aus einem Bild viel weniger her-
auslesen als irgendein ehrbarer Philosoph aus einem
Werk von Carpaccio, dass man mit der Zeit gehen
muss, zum Teufel! und dass, wie Michel Serres so ein-
leuchtend schreibt,

> die Bildsprache *sämtliche Abstraktionen und alle Ge-*
> *schichten,* Lehrsätze und Vorträge transportiert. (…)
> Im Gegensatz zur Musik könnte ich also ohne Be-
> zugsrahmen darüber sprechen (…). Die Seiten lö-
> sen sich geduldig vom Bild. Die Bände vom Band.
> Bodenlos tiefe Brunnen, aus denen ich das Wasser,
> Eimer um Eimer, schöpfen kann, ohne Hoffnung
> auf das Versiegen. Die Kritik ist eine Tochter von
> Danaos.[139]

---

[*] Für alle, die Zahlenspiele lieben: Wir zählen auf dem Bild sechs mal
drei ausgewachsene Ameisen (= 18) und sechs mal drei Kirschen
(= 18).

Eimer um Eimer. Wir haben hier nur ein Rinnsal durchsickern lassen. Es sei uns also verziehen. Zumal wir in diesem Bild eine verborgene Hommage an den einflussreichsten der Zürcher Dadaisten haben aufscheinen lassen und so das Rätsel des Bildtitels lösen konnten: Warum denn *«teilweise* vorhandene Halluzination», wenn nicht, um allen, die gut zuhören wollen, nahezulegen, dass die sechsfache Erscheinung Lenins im Zusammenhang mit dem Cabaret Voltaire tatsächlich nur *zum Teil* eine Halluzination darstellt oder einen surrealistischen Scherz (da sie nun einmal grundlegend, wenn auch im Geheimen, mit der historischen Wahrheit übereinstimmt).

So nehmen wir also mit guten Gründen an, dass Tzara seinem Freund Dalí gegen 1930 die aussergewöhnliche Begegnung, die er vierzehn Jahre vorher gehabt hatte, anvertraute. Vielleicht suggerierte er selber – mit dem ihm eigenen etwas zynischen Humor –, etwas von dieser vertraulichen Mitteilung in ein Bild einfliessen zu lassen, das dank dem Ruf der onirisch-surrealistischen Absurdität vor allzu unverfrorenen Deutern bewahrt wäre. Vielleicht auch hat er andern gegenüber dieselbe vertrauliche Mitteilung geäussert, und möglicherweise existieren noch andere Hinweise eines solchen Geständnisses, sichtbar, ja in die Augen springend, aber hermetisch verschlüsselt, wie so viele Flaschen im Meer, deren «Post» nur darauf wartet, einen Empfänger zu finden. Aber warum dieser Humor und diese Vertraulichkeiten, wenn, wovon wir bisher ausgegangen sind, nur Lenin auf Tzara Einfluss genommen haben soll? Worin denn sollte Tzaras Interesse liegen, sich als unkritischer Nachahmer, als Plagiator, als Hampelmann, mit einem Wort als *Minderwertigen* zu zeigen, und sei es nur gegenüber einigen vertrauten Freunden? Tzara hat nie, und schon gar nicht in dieser Periode, als zurückhaltendes Wesen gegolten, das sich seines Wertes nicht bewusst wäre, und noch weniger als Masochist. Wir müssen also etwas anderes ins Auge fassen. Das Gegenteil. Will sagen, dass zwischen den beiden Männern etwas geschehen ist, worauf Tzara mit gutem Grund stolz sein konnte. Wir müssen ins Auge fassen, dass in der Erklärung Tzaras, er habe mit Lenin «Ideen ausgetauscht», er dem Verb «austauschen» *in petto* und mit dem mephistophelischen Humor dessen, der sich sicher ist, nicht wirklich verstanden zu werden, die wörtlichste und zugleich stärkste Bedeutung gab. Kurz: Wenn es einen leninistischen Tzara und im weiteren Sinn einen leninistischen Dada gegeben hat, *so muss auch ein dadaistischer Lenin existiert haben, ein Lenin dada!*

VIII

LENIN – DER RUSSISCHE DADAIST

Lenin dada: Wir bagatellisierten die Tragweite dieser verblüffenden Hypothese, dächten wir dabei nur an den *ästhetischen* Dadaismus, das heisst im vorliegenden Fall an die Verse, die vom russischen Revolutionär geschrieben und vom rumänischen Dichter unter seinem Namen publiziert worden sind; ziemlich mittelmässige Verse übrigens, weit weniger gewagt, als wir es von Tzara gewohnt sind. (Gerade so, dass uns schwant, er habe Lenin einen Gefallen erwiesen in der Hoffnung, im Gegenzug beschenkt zu werden, eher jedenfalls als das Gegenteil.) Und: Hat Wladimir Iljitsch wohl noch andere von demselben Tobak (oder stärkerem) geschrieben, sei es nun in Zürich oder nach seiner Rückkehr im April 1917 in Russland? Recherchen darüber lohnten sich sicherlich. Wer weiss? Auch jene einsiedlerkrebsartige Beziehung, die wir bereits zwischen Lenin und Tzara entdeckt haben, wiederholt sich vielleicht bei dem einen oder anderen dieser «transmentalen» oder «zaoum»-Dichtern – namentlich: Krutschonych, Chlebnikow oder Zdanewitsch – und sicher bei den «Nitschewoki», die mehr oder weniger bereitwillig das gebildet haben, was kürzlich ein italienischer Kritiker den «Dada

russo»[140] genannt hat. Die Erfahrungen dieser dem
«Nichts» (nitschewo) huldigenden Abenteurer müssten
uns besonders hellhörig machen: Genossen diese jungen Dichter von Rostow am Don, deren Anführer Riu-
rik Rok und Dewis Umansky waren, nicht eine heimliche
Unterstützung durch Lenins Kulturminister Anatoli
Lunatscharski, dank dem sie sogar eine offene Tisch-
gesellschaft im ersten Restaurant ihrer Stadt abhalten
konnten?[141] Im Sommer 1920 publizieren sie ein *Manifest,* wo wir lesen können:

> Schreibt nichts
> Lest nichts
> Sagt nichts
> Veröffentlicht nichts.[142]

Es wäre vielleicht angebracht, im Dschungel der Pseudonyme, die als Unterschriften gesetzt und von denen
nur wenige identifiziert sind («Rok» oder «Mar»),[143]
einige neue Familiennamen des berühmtesten Pseudos
der russischen Revolution zu suchen.* Jedenfalls führt

---

* Wir kennen tatsächlich Wladimir Iljitsch Uljanows Hang zu Pseu-
donymen. Neben «Lenin» (oder «Wolodja», dem Kosenamen, den ihm
seine Angehörigen gaben) kam es vor, dass er sich «Tulin», «der Alte»,
«Iljin» oder «Petrow» nannte. I. N. Wolper zählt in *Pseudonyme W. I.
Lenins* (Berlin, Dietz Verlag, 1970) 160 Pseudonyme auf, die Wladimir
Iljitsch Uljanow im Laufe der Zeit verwendet hat. Der Autor erwähnt
auch «Leniwzyn», das übersetzt «Faulpelz» bedeutet (ibd., S. 123). Das

ein mysteriöser Grund (der helfende oder nachhelfen-
de Lenin?) alle unsere «Nihilisten» (oder «Nullisten»)
nach Moskau, wo sie im Frühjahr 1921 lautstark ihre
Blutsverwandtschaft mit Dada bekunden:

> Wir haben denselben Weg; sie gehen nach rechts
> und wir nach links. Oder umgekehrt.[144]
> Der Tag ist nah, an dem die internationale Einheits-
> front zwischen Nitschewoki und Dada gegen alle
> Formen von Kunst gebildet werden wird.[145]

Bei dieser Gelegenheit verweisen wir erneut auf die
Reihe verwirrender Zufälle: Ungefähr zur selben Zeit,
als Lenin durch einen schweren Anfall auf einen Schlag
seiner Sprache und Schrift beraubt wird, verschwinden
im Frühjahr 1923 auch die «Nitschewoki» und, ganz
allgemein, der «Dada russo».[146]

Ebenso müssten wir die Hypothese weiterverfol-
gen, dass Lenin ein Künstler war, speziell in dem bei
Dada gebräuchlichen Wortsinn. Das ist übrigens mehr
als nur Hypothese: Die Fotografien sprechen für sich.
Mit seinen glatt rasierten Backen, ähnlich einer dauer-
haft jungfräulichen, wenn auch etwas teigigen Nonne,
seinem Kinngrübchen und seinem Kindermund, halb

Wolper «paradox» anmutende Pseudonym hat Lenin selber in einem
Brief vom 2. Juli 1916 – ausgerechnet von Zürich aus! – zuhanden
seines Verlegers vorgeschlagen (*Briefe* Bd. IV, a. a. O., S. 253).

Abb. 16: Kurt Schwitters und «Die heilige Bekümmernis» (Hannover, um 1920).

Abb. 17: Man Ray und sein «Marteau» (Paris, 1963).

Schelm, halb geschlagener Hund, und den in mayolesker Locke auf die enger gewordene Stirn fallenden, grau melierten Haaren, seiner enormen Tscharbowari-Kosakenmütze, seinen mongoloid gefältelten Augen, die ihn *wie einen Mongolen* aussehen lassen, ist der als Arbeiter verkleidete Lenin vom August 1917 (Abb. 3) mindestens ebenso toll, ebenso komisch, ebenso Vorläufer der

Abb. 18: Hutständer von Marcel Duchamp (New York, 1917).

Body-Artists der siebziger Jahre (Journiac oder Lüthi) wie Marcel Duchamp mit seiner Kreuz-Tonsur von 1919 oder seinem Rrose-Sélavy-Hut zwei Jahre später. Ausserdem: kein «guter» Dada-Künstler ohne mehr oder minder lustiges Spiel mit Objekten. Auch in diesem Sinn ist Lenin ein guter Dada gewesen. Davon zeugt eine Fotografie vom März 1919. So wie Duchamp mit seinem Flaschentrockner, Arp mit seinen Marionetten, Schwitters mit seinen mechanischen Weihnachtsbäumen oder Man Ray mit seinem «Marteau» (Abb. 16 und 17) überrascht uns Lenin hier, wie er mit einem feinen Lächeln um den Mund in die Tiefe eines grossen Trichters hineinschaut, der mit einem Faden an der Decke aufgehängt ist (in genau derselben Art, halten wir es fest, wie jener Hutständer, den Duchamp 1917 in New York ausgestellt hat) (Abb. 18 und 19). Lenin, ein Bildhauer oder Schöpfer von «Readymade»? Offen gestanden, wir wissen nicht, in welcher geistigen Verfassung der Fotograf den grossen Mann eingefangen hat: als einen Künstler, der seine letzte Anti-Skulptur oder ein neues «Ready-made» stolz und zärtlich betrachtet? Als Tribun vor einem aus Jux verkehrten Megafon? Oder als unverbesserlichen Witzbold, der eine Viertelsekunde vor dem Moment überrascht worden ist, da er das berühmte Wahrzeichen von Altersheimbewohnern packt, um es sich über den Kopf zu stülpen? Dreierlei Gebaren, die so oder so und unbestreitbar dada sind.

Gewiss, es wäre interessant, all dies gründlich zu

*Abb. 19: Lenin und sein Trichter, März 1919
(Foto: L. Leonidow).*

prüfen, aber dies ist nicht das Wesentliche. Denn Dada ist nicht nur eine Angelegenheit der Kunst (oder Anti-Kunst). Richard Huelsenbeck sagt es in der ersten wirklichen Dada-Konferenz, die im Februar 1918 in Berlin abgehalten wurde, klar und deutlich:

> Da sind Kerle, die sich mit dem Leben herumgeschlagen haben, da sind Typen, Menschen mit Schicksalen und der Fähigkeit zu erleben. Menschen mit geschärftem Intellekt, die verstehen, dass sie an eine Wende der Zeit gestellt sind. Es ist nur ein Schritt bis zur Politik. Morgen Minister oder Märtyrer ...[147]

In seinem Berliner Dada-Manifest setzt er zwei Monate später das Pünktchen aufs i:

> Dadaist sein kann unter Umständen heissen, mehr Kaufmann, mehr Parteimann als Künstler sein – nur zufällig Künstler sein.[148]

Denkt er, wenn er dies verkündet, an Lenin, der in Russland soeben die Macht an sich gerissen hat? Hat er von allem nur gehört? Wahrscheinlich nicht, wenn wir seinen letzten Erklärungen[149] glauben, aber das ist nicht so wichtig. Von Bedeutung ist seine Beharrlichkeit: Beweis, dass die Dadaisten niemals von vornherein ausgeschlossen haben, man könne *nur in der Politik* dada sein.

Trotzdem, wenn Huelsenbeck im Moment, als er sprach, gewusst hätte, in welchem Mass Lenin sie bereits verstanden hat, er wäre erstickt vor Freude, wie übrigens auch Tzara, der dieses Manifest, wie wir es uns gut vorstellen können, mit heimlichem Jubel unterzeichnet.* Denn *tatsächlich ist Lenin in erster Linie in der Politik dada.* Und es ist, als habe Huelsenbeck genau die Taten des bolschewistischen Führers in Russland von 1917 bis zu dessen Tod im Visier, wenn er 1920 in der Einleitung zu seinem *Dada-Almanach* schreibt:

Da Dada der direkteste und lebendigste Ausdruck seiner Zeit ist, wendet es sich gegen alles, was ihm obsolet, mumienhaft, festsitzend erscheint. Es prätendiert eine Radikalität, es paukt, jammert, höhnt *und drischt,* es kristallisiert sich in einem Punkt *und breitet sich über die endlose Fläche ...*[150]

---

* Tzara übernimmt diese Idee übrigens ausdrücklich in seinem «Dada Manifest über die schwache Liebe und die bittere Liebe», vorgetragen am 12. Dezember 1920 in der Galerie Povolozky in Paris: «Es gibt Leute (Journalisten, Anwälte, Liebhaber, Philosophen), die sogar die anderen Formen: Geschäfte, Ehen, Besuche, Kriege, verschiedene Kongresse, Aktiengesellschaften, Politik, Unfälle, Tanzhallen, wirtschaftliche Krisen, Nervenkrisen, für Variationen von Dada halten.» Er hält so viel von dieser vielsagenden Erklärung, dass er sie in praktisch gleichem Wortlaut im «Anhang» wiederholt: «Wie ich charmant, sympathisch und köstlich geworden bin», vorgetragen in derselben Galerie eine Woche später (zitiert nach: *Sieben Dada Manifeste,* a.a.O., S. 41 und S. 58).

Im Lichte Dadas klären sich übrigens plötzlich eine ganze Reihe Aspekte dieser Taten, die bisher im Dunkeln geblieben sind. Um dies aufzuzeigen, begnügen wir uns damit, die wichtigsten Punkte des Dada-Credos (oder Anti-Credos) Revue passieren zu lassen und dem einige Erklärungen und besonders einige Taten des grossen Revolutionärs gegenüberzustellen.

IX

DADA-POLITIK UND DAS PRINZIP
WIDERSPRUCH

Zunächst also: Was ist Dada? Fassen wir kurz zusammen und bringen ein wenig Ordnung und inneren Zusammenhalt in das, was so wesentlich haltlos und unordentlich zu sein scheint; sehen wir einmal ab von den Nuancen, die die Dadaisten voneinander trennen, zugunsten dessen, was ihnen gemein ist:[*] Es sind dies der Kult um den Widerspruch, die Verachtung der Kunst, der Kultur und der humanistischen Werte, die Verherrlichung von Zerstörung und Chaos, die Neigung schliesslich fürs «Hungehäure» und fürs Verrückte – all dies auf der Grundlage eines ziemlich unbestreitbaren, wenn auch fröhlichen Nihilismus.

Wir werden auf all das zurückkommen. Jedoch können wir dem Vergnügen nicht widerstehen, dieses andere, scheinbar zweitrangige Element der Definition zu zitieren, das Hugo Ball schon 1916 vorgeschlagen hat

---

[*]   Siehe beispielsweise Huelsenbeck, 1920, in seiner Einleitung zum *Dada Almanach* (a.a.O., S.8): «Die Auffassung der Dadaisten vom Dadaismus ist eine sehr verschiedene (...). In der Schweiz war man z.B. für abstrakte Kunst, in Berlin ist man dagegen.»

und das wie ein Leitmotiv auf Wladimir Iljitsch zuge-
schnitten ist:

Jede Maske ist ihm [dem Dadaisten] willkommen.
Jedes Versteckspiel, dem eine düpierende Kraft in-
newohnt.[151]

Und nun zum Widerspruch. Alle Dadaisten berufen
sich auf ihn. Hugo Ball erklärt:

Der Dadaist liebt das Aussergewöhnliche, ja das Absurde. Er weiss, dass sich im Widerspruche das Leben behauptet ...[152]

Und Tzara verkündet: «die echten Dadas sind gegen
DADA»,[153] und: *«Ordnung = Unordnung; Ich = Nicht-Ich;
Behauptung = Verneinung».*[154] Ribemont-Dessaignes ruft
aus: «Wir, die wir den Widerspruch lieben»,[155] und so
weiter und so weiter. Den Widerspruch in all seinen
Ausprägungen. Und wenigstens in diesen drei: aufein-
anderfolgend, das versteht sich von selbst, die «Verflech-
tung der Gegensätze und aller Widersprüche» (Tzara);[156] dann, gleichzeitig:

«Von zwei Dingen das eine» ist das Porträt des gän-
gigen Schwachsinns (Ribemont);[157]
Dada (...) wandelt sich um – behauptet – sagt *zugleich* das Gegenteil ... (Tzara)[158]

und schliesslich, noch besser, scheinheilig und clownesk:

> Denn ich, Chamäleon Veränderung Infiltration
> (...) mache das Gegenteil von dem, was ich anderen vorschlage (Tzara).*[159]

Das ist Lenin, wie er leibt und lebt, nicht wahr? Lenin, der «unerbittliche Anti-Spontaneist von vor 1905», wie es Jacques Baynac erwähnt, wurde «später prosowjetisch».[160] Lenin, der vor dem April 1917 ein Programm vertrat, «das sich in allen Punkten von jenem unterschied, das ihn zur Macht führte».[161] Lenin, der erbitterte Feind des «kleinbürgerlichen» Pazifismus an den Konferenzen von Zimmerwald und Kienthal 1915/1916, der, kaum ist er an die Macht gelangt, mit Deutschland in einem «schmachvollen Abkommen» (nach seinem eigenen Eingeständnis)[162] Frieden schliesst, und der darum Russland um Finnland, um die baltischen Provinzen, die Ukraine, einen Teil des Transkaukasus und um ... 6 Milliarden Gold-Mark erleichtert. Lenin, der schon von Ende 1917 an seinen Spass daran hat, den Sownarkom (Rat der Volkskommissare) «mit unvorbereiteten Beschlüssen, die flüchtig redigiert [und] oft widersprüchlich oder undurchführbar»[163] waren, zu lei-

---

* Hier fügt Tzara später in einer Fussnote das Wort «manchmal» an, weil er befürchtet, diese Erklärung könnte allzu deutlich ausfallen.

ten. Lenin, der 1917 ausruft: «Genossen! Werktätige! Denkt daran, dass *ihr selber* jetzt den Staat verwaltet»,[164] und der später beteuert, «niemals absurdere Träume gehabt zu haben»,[165] wie Alfred Meyer erwähnt: Und

> ... nur wenige Monate nachdem diese Sätze geschrieben worden waren, war die Souveränität des Volkes, die die Bolschewiki an die Macht gebracht hatte, schon verschwunden.[166]

Lenin, der die Verstaatlichungen von 1918 als eine Demokratisierung darstellen liess, während er sich – zum Wohle des Volkes – wirkungsvoll genau für das Gegenteil einsetzte:

> Lenin jedenfalls war nicht dieser Meinung, wenn auch die sowjetische Propaganda endlos wiederholte: Das ist euer Stahlwerk, euer Bergwerk, eure Eisenbahn – wendet eure ganze Kraft für sie auf. Manche Arbeiter nahmen das ernst und wollten ihr Eigentum verwalten, aber (...) der Staat war der Eigentümer und verwaltete daher auch; die Verwaltung war nach Lenins Meinung Aufgabe derjenigen, denen die Partei diese Aufgabe zugewiesen hatte ...[167]

Lenin, der 1920 *Der «linke Radikalismus», die Kinderkrankheit des Kommunismus* geschrieben hat, das ein aufgeklärter Zeitzeuge mit feinem Gespür, Alfred Rosmer, wie folgt zu beschreiben wusste:

> Mit Lenin stellen sich damit alle Fragen in einer neuen Weise. Sogar die Worte erhalten einen anderen Sinn; sie finden ihre wirkliche Bedeutung wieder. Für Lenin ist ein «Kompromiss» ein je nach den Umständen erforderlicher kluger Zug bei der Verteidigung, bei der Erhaltung von Kräften ... [168]

Lenin – und diese Episode ist so bekannt wie humorvoll – bezwingt im März 1921 die Rebellen des Panzerkreuzers *Petropawlosk* in Kronstadt in einem Blutbad,[169] und zwar in genau dem Moment, als er ihnen recht gibt* und am X. Kongress der Kommunistischen Partei erklärt: «Wir müssen dem Willen der riesigen Volksmassen Rechnung tragen.» Sein aufsehenerregender Meinungsumschwung hätte bereits zu diesem Zeitpunkt sehr wohl den Dada-Spezialisten die Augen öffnen müssen: Er führt die Handelsfreiheit wieder ein, «was in grossem Mass die Wiedereinführung des Kapitalismus voraussetzt».[170] Lenin, der frühere Schmeichler des Proletariates, der durch diese «Neue Ökonomische Politik» (N. E. P.) den Aufstieg einer neuen Klasse unterstützt,

---

* Die zwei militärischen Angriffe der Kommunisten gegen die Meuterer haben am 7. und 17. März stattgefunden. Der Kongress ist am 8. eröffnet und der N. E. P. am 15. März verabschiedet worden.

jene des *Nepman,* «der in improvisierten Nachtlokalen sein allzu schnell verdientes Geld verschleudert»[171] (versteckte Hommage ans Cabaret Voltaire?). Lenin also, in letzter Konsequenz die strahlende Inkarnation des dadaistischen Widerspruchs.

Wer, wie bis heute leider alle Historiker, diese treibende Kraft ausser Acht lässt, kann seine Politik überhaupt nicht verstehen oder wird, im besten Fall, Opfer eines summarischen Psychologismus, der die Kehrtwendungen mit dunklen Trieben erklärt: «Lenins intellektuelle Fähigkeiten waren sehr gross», schreibt etwa Nicolas de Basily, «aber sein Charakter war beherrscht von unwiderstehlichen Impulsen. Deshalb gab es so häufige Brüche in seiner Führungslinie. Und deshalb auch waren seine Handlungen nur ungenügend von der Fackel der Vernunft geleitet. Es genügte, dass ihn eine Idee in Versuchung brachte, um ihn in einen rasenden Antreiber zu verwandeln …»[172] Das bedeutet auch, ausser Acht zu lassen, in welchem Mass der Widerspruch für Dada eine «treibende Kraft» darstellt, eine «pädagogische Kraft ohne dialektische Lösung»,[173] wie Michel Giroud über Raoul Hausmann so schön schreibt. Auf Grund dieses so besonderen, *seiltänzerischen* Konzeptes von Dialektik* kann Lenin gar nichts *tun,* ohne es auch *abzutun* und zugleich *falsch zu tun.* «Alles beginnt im-

---

*   Siehe etwa auch Tristan Tzara: «… Dialektik, d. h. um den Geist der Pommes frites feilschen …» (Dada Manifest 1918, a. a. O., S. 22).

mer», schreibt Michel Giroud weiter, «es gibt nur Pro-
zesse, Etappen, Umwandlungen; die Vollendung ist eine
Mystifikation, ein Prinzip des Todes und der Verdrän-
gung.»[174] Demnach gab es schon auf die berühmte Frage *«Was tun?»* nur eine einzige Antwort: «Äusserungen,
so verschieden wie zerstreut, so zersetzend wie verzet-
telt, nicht ein Dada-Werk, sondern Spuren, Zeichen,
verpuffte Energie.»[175]

X

DER LENINISMUS ALS ANTI-KUNST

Keine Dada-Werke? Man mag einwenden, dass es trotz allem Gedichte gegeben hat (wie «Arc!») oder Manifeste (wie jene der «Nitschewoki», bei denen Lenin, wir haben es gesehen, sehr wohl die Hand im Spiel gehabt haben konnte). Aber das heisst nicht viel. Und dies kann nicht vergessen machen, dass «die Anfänge Dadas (…) nicht die Anfänge einer Kunst, sondern die eines Ekels» waren (Tzara)[176] – «eines Ekels vor der Kunst», präzisiert Jacques Bersani ganz richtig.*[177] Ja, wenn wir uns an den Buchtitel von Richter erinnern, so ist Dada vor allem und in seinem Innersten «Anti-Kunst».

Das bedeutet zweierlei: Einerseits haben wir prinzipiell kein Recht, irgendeine Kunstrichtung einer ande-

---

* Nicht weniger zutreffend beobachtet Bersani in Bezug auf den Begriff des «Werkes»: «Dada vervielfacht die Anti-Gedichte und die Anti-Malerei, die mechanomorphen Bilder oder die *Ready-mades* und drückt damit seine Weigerung aus, diese künstlichen und herkömmlichen, vom Leben abgeschnittenen Objekte herzustellen, die als Werke bezeichnet werden. Dada wolle ‹Freie Kunst›, wie von ‹Freier Liebe› gesprochen wird. Jede beliebige Handlung wird zum Kunstwerk, vorausgesetzt sie ist spontan, ungezähmt.» (S. 112) «Spontan, ungezähmt»: Da können wir Lenin vertrauen!

ren vorzuziehen, das kleine Spiel der Avantgarden ist sinnlos – «ich habe kein Recht darauf, andere in meinen Fluss zu ziehen, ich zwinge niemanden dazu, mir zu folgen, und jeder macht seine Kunst auf seine Weise», proklamiert Tzara[178] –, da nun einmal alles gleich viel wert ist und nichts einen Wert hat:

> Was ist schön? Was ist hässlich? Was ist gross, stark, schwach? Was ist Carpentier, Renan, Foch? Kenne ich nicht. Was bin ich? Kenne ich nicht.
> Kenne ich nicht, kenne ich nicht, kenne ich nicht.
> (Ribemont-Dessaignes)[179]

Andererseits, und viel grundlegender, verachtet Dada die Kunst und allgemeiner all das, was wir heute als Kultur bezeichnen würden:

> ... die Kunst. Sie hat nicht die Bedeutung, die wir, Haudegen des Geistes, ihr seit Jahrhunderten reichlich zugeteilt haben. (Tzara)[180]
> In summa, meine Kleinen: Die Kunst war eine Kinderkrankheit. (...) L'art est mort. Vive Dada! (Serner)[181]

Das ist, schon wieder, Lenin, wie er leibt und lebt. Lenin, der anfängliche Pluralist (sicher in einem andern als dem Althusserschen Sinn),[182] der sorgfältig darauf bedacht ist, die grossen Strömungen seiner Zeit gegen-

seitig zu neutralisieren, den Aufschwung der «Linksfront der Kunst» (LEF) oder des «Proletkults» zu stoppen, das ungestüme Aufbegehren der Futuristen[183]
oder seiner eigenen dadaistischen Freunde abzufedern
(denn schliesslich sind ja, so Tzara, «die echten Dadas
[…] gegen DADA»[184]), indem er die konventionelleren
Formen künstlerischer «Produktion» immer offensicht-
licher fordert, die geradeaus zur Verherrlichung des
«Sozialistischen Realismus» fuhren werden. Jean Michel
Palmier erklärt ganz ausgezeichnet:

> … es kann nicht geleugnet werden, dass die bol-
> schewistische Partei eine bestimmte Kunstrichtung
> gefordert und zur offiziellen erhoben hat. Es wäre
> naiv zu glauben, der «Sozialistische Realismus» be-
> ginne mit Gorkis Rede und der stalinistischen Epo-
> che. Seit den zwanziger Jahren können wir ihn in
> allen Monumenten nachweisen, die zum Schmucke
> von Plätzen geschaffen wurden, die Gipsbüsten von
> Marx, Engels und Lenin, die Statuen revolutionä-
> rer Helden und Schriftsteller, die offiziellen Port-
> räts, die nach und nach aufgestellt wurden.[185]

Aber die Förderung dieser «Art unpersönlichen, sozialistischen Neoklassizismus», wie Palmier weiter ausführt,
ist nicht der einzige Beitrag von Wladimir Iljitsch zum
künstlerischen Leben. Er greift auch, diesmal unver-
blümt, in die Dichtung ein, indem er etwa einen heute

ziemlich vergessenen, braven Propaganda-Dichter namens Demian Bedny in aller Deutlichkeit Majakowski vorzieht. So telegrafiert er mit Bezug auf Letztgenannten, der eben das Gedicht *150 000 000* verfasst hat, am 6. Mai 1921 an Lunatscharski, den Volkskommissar für Bildung und Kunst:

> Schämen Sie sich nicht, für die Herausgabe von Majakowskis *150 000 000* in 5000 Ex. zu stimmen? Unsinn, dumm, erzblöd und prätentiös.
> Meiner Meinung nach sollte man von solchen Sachen nur 1 von 10 drucken und dann *nicht mehr als 1500 Ex.* für Bibliotheken und wunderliche Käuze.[186]

«Wunderliche Käuze»: Wir ersehen daraus, welch dadaistisch geprägte Hochachtung unser Held – nicht nur Pluralist, sondern, wie Duchamp sagen würde, veritabler «Anartist»[187] – allen Liebhabern von Gedichten entgegenbringt. Tatsächlich steht er allen, die sich der Literatur verschrieben haben, mit der gleichen Wertschätzung zur Seite. Wie bitte?, erhebt sich lauthals der Protest. Dieser Mann, der Tschechow, Turgenjew, Nekrassow[188] las und liebte! Dieser Mann, dessen Lektüre in Sibirien Krupskaja zu einem Artikel mit dem Titel «Was Iljitsch aus der schönen Literatur gefiel» inspirierte![189] Aber ja doch: Das war in Sibirien, vor der Entdeckung von Dada. Und vor allen Dingen: In diesem Punkt wie in fast allen, die die Kultur betreffen, war

Lenin gewissermassen dada, bevor es diesen Begriff überhaupt gab. Bereits in Sibirien, bezeugt G. Krschischanowksi, der ihn damals besuchte und seinerseits in Schuschenskoje im Exil war, «war Wladimir Iljitsch kein Liebhaber der schönen Literatur, und er ertrug geduldig meine spöttischen Bemerkungen über seinen ‹wenig entwickelten› Geschmack».[190] Zugegeben, einige Biografen sind tatsächlich erstaunt, dass er nur selten an anderen als einigen russischen Klassikern Gefallen fand, wenn er doch die europäischen Sprachen, insbesondere das Französische und Deutsche, so gut beherrschte. In *Nowaja Shisn* (Neues Leben), der Tageszeitung von Gorki, ruft er 1905 aus: «Nieder mit den parteilosen Literaten! Nieder mit den literarischen Übermenschen!»[191] Später beobachtet Lise de K. in Paris: «Er konnte nur mit Mühe *Die Mutter* von seinem Freund Gorki zu Ende lesen.»[192] Dies versucht sein Biograf Louis Fischer so zu erklären: «Er las aus bestimmten sachlichen Gründen und nicht zum Vergnügen oder zur Bildung.»[193] In Wahrheit ist es mehr als das, wie Lise de K. sehr wohl gesehen hat, wenn sie schreibt, dass er sich «liebend gern» von Literatur und Dichtung abgewandt hat. Als sie ihm wegen dieser Haltung Vorwürfe macht, präzisiert sie,

… brach er in schallendes Gelächter aus und fand mich sicherlich noch zu bourgeois, als dass ich hätte begreifen können, dass die Künste und die schöne

Literatur, die Musik, die Eleganz, die Architektur, die Raffinesse, die Mode und die guten Umgangsformen Überbleibsel wären, Büschel von Unkraut (…), die der grosse revolutionäre Sturm hinwegfegen würde.[194]

Wir glaubten beinahe wörtlich Hugo Ball zu vernehmen, der erklärt:

Was wir Dada nennen, ist (…) ein Spiel mit den schäbigen Überbleibseln; eine Hinrichtung der posierten Moralität und Fülle.[195]

Kurz, wir finden hier wahrscheinlich einen der entscheidendsten Gründe, weshalb Lenin sich so rasch für die Ideen – und Phobien – von Tzara und seinen Freunden in Sachen Kultur begeistern konnte: Es sind bereits die seinen. Die häufigen Besuche im Cabaret Voltaire frischten sie nur wieder auf.

Wir haben eben erraten, dass diese Abscheu oder dieser Bildersturm nicht nur der Belletristik gilt. Tatsächlich entgeht ihm so gut wie kein künstlerisches Ausdrucksmittel. Die Malerei? Ein Beispiel: Gegen 1900 weilt Lenin in Belgien. Während Plechanow, der ihm vorausreiste, sich ununterbrochen mit berühmten Bildern beschäftigte, die in den Museen ausgestellt waren, «interessierte sich Lenin nicht für solche Dinge», erzählt Genosse Meschtscherjakow, der den einen wie den anderen begleitet hatte. «Die Arbeiterbewegung nahm ihn voll in Beschlag.»[196] Ein wenig später hat er das Glück, in Paris zu leben: «In vier Jahren», berichtet seine Mätresse Lise de K., «besuchte er nicht ein einziges Mal den Louvre.»*[197] Die Musik? Hören wir noch einmal Lise de K. :

Ich las kürzlich in einer überschwänglichen, Lenin huldigenden Artikelsammlung einen Auszug von Gorkis Erinnerungen, wo dieser behauptet – und er ist nicht der Einzige, daran haben viele geglaubt[198] –, dass Wladimir Iljitsch die Musik, und im Besonderen die *Appassionata* von Beethoven, bewunderte. Gorki muss sich auf einen sachfremden Eindruck beziehen oder von einigen unbedachten Äusserungen seines Freundes berichten, denn *Lenin konnte Musik nicht ausstehen.* Wie oft bekannte er mir, davon nichts zu verstehen. Ich spielte ihm Walzer von Chopin, Etüden von Beethoven, Notturnos, Märsche, Präludien, ohne dass ihn dies je bewegt hätte. All dies traf zu auf Wagner, Debussy, Brahms, Liszt, Bach, Tschajkowski bis hin zu Massenet. Er schämte sich auch nicht, mir zu sagen, dass er nur Montéhus bewunderte, und er begann, dämliche Melodien zu pfeifen.[199]

---

* Lise de K. berichtet sogar, dass Lenin noch nie von der Mona Lisa gehört hatte (*Les amours secrètes de Lénine …*, a. a. O., S. 133–134).

In dasselbe Horn, wenn wir so sagen wollen, stösst auch Krupskaja. In einem Brief von Krakau etwa schreibt 1913 seine treue Begleiterin, dass ein Beethoven-Konzert Lenin und sie «schrecklich gelangweilt» habe.[200] Das Kino? Er, der eines Tages (aus Spott?) erklärte, die Kinematografie sei «von allen Künsten die wichtigste», ist in Wahrheit ein «entschiedener Anticinemist», so der von Krupskaja geprägte Ausdruck.[201] Das Theater? Er mag es nicht,[202] und wenn er es in Paris einmal besucht, so um Stücke von … Paul Bourget zu beklatschen.[203]

Wenn wir dem noch anfügen, dass neben dem Cabaret[204] in seinen Augen nur noch das Wachsfigurenkabinett[205] als Ort der Kunst ein wenig Gnade findet, so werden wir verstanden haben, dass Lenin mit seinem Spott von vornherein ein konsequenter Dadaist ist, der noch so gerne mitunterzeichnet hätte, was Raoul Hausmann und Georges Ribemont-Dessaignes erklären:

Wir werden Euch ein Ende bereiten. Den kommunistischen Elan gegen den Bürger, den Geistigen in die Kunstfabrik für die Geistesauflösung. Warum spricht das Kommunistische Manifest nicht von dem Geistesbourgeois, der mit seinen Ausscheidungen die Besitzperipherie sichert. So blieb die Welt eine Kloake der Feierlichkeit. Hier hilft nur Zwangsarbeit mit Peitschenhieben. Wir fordern Disziplin! Gegen die freie Kunst!! Gegen den freien Geist!!![206]

– Wenn wir Ihnen einen guten Rat geben können, so den, für Parasiten der Kunst Konzentrationslager einzurichten …[207]

– auch wenn er allzu früh dahingegangen ist, um jeden ihrer liebenswürdigen Vorschläge noch selbst verwirklichen zu können.

XI

«ES GIBT EINE GROSSE DESTRUKTIVE
ARBEIT ZU VERRICHTEN»

Lenin kann sich dennoch zugute halten, einen bedeutenden Teil des Dada-Programmes verwirklicht zu haben. Wir wollen hier nicht nur von der Kunst oder von Künstlern sprechen, sondern von der nihilistischen Verherrlichung des Chaos und der Zerstörung vor dem Hintergrund eines fröhlichen Hohngelächters gegen die humanistischen Werte und die Sentimentalität.

Hugo Ball neigt noch dazu, die Verantwortung für eine solche Anschauung und für dieses «Narrenspiel aus dem Nichts», wie Dada es ist, auf das «Zeit»-Geschehen abzuwälzen («der Dadaist [...] weiss [...], dass seine Zeit wie keine vorher auf die Vernichtung des Generösen abzielt»[208]). Er zeigt sich noch für die «fraglichste Form der Fronde» empfänglich und gibt zu, für wie kläglich der Dadaist die Individuen hält: «Personen sind bei ihm billig zu haben, die eigene Person nicht ausgeschlossen»;[209] Tzara und Serner sind da direkter: «Wir (...) spucken auf die Menschheit», schreit der Erste 1916 in seinem *Manifest des Herrn Antipyrine*,[210] und wir erkennen in den apokalyptischen Beschwörungen und Provokationen seines grossen *Dada Manifest 1918* auf einmal das Echo der Schlächterei 1914–1918 und einen Aufruf zur grossen Endabrechnung. Das Chaos wird hier zum Versprechen für Wiedergeburt:

> Wir haben die Neigung zum Greinen in uns beiseitegedrängt.[211]
> Kein Mitleid. Nach dem Gemetzel bleibt uns die Hoffnung auf eine gereinigte Menschheit.[212]
> … wir sind nicht sentimental. Wir zerreissen, wütender Wind, die Wäsche der Wolken und der Gebete und bereiten das grosse Spektakel des Unheils, den Brand, die Auflösung vor.[213]
> Ich zerstöre die Schubladen des Gehirns und die der gesellschaftlichen Organisation: überall demoralisieren und die Hand des Himmels in die Hölle werfen, die Augen der Hölle in den Himmel …[214]
> Jeder muss schreien: es gibt eine grosse, destruktive, negative Arbeit zu verrichten.[215]

Kurz, wie schon «Herr Aa, der Antiphilosoph», gesagt hat:

> Vernichtung. Ja, natürlich.[216]

Zurück aus Zürich, verkündet Walter Serner seinerseits im März 1918:

Man muss das gänzlich Unbeschreibliche, das durchaus Unaussprechbare so unerträglich nah heranbrüllen …[217]
Über dieses Chaos von Dreck und Rätsel einen erlösenden Himmel stülpen! Den Menschenmist ordnend durchduften! Ich danke![218]

Wie ein Echo ruft George Grosz im selben Augenblick aus: «Je mehr die Jauche aufgewühlt wird, je mehr freut's mich», und: «Hinein in den Schutt!!!»[219] Während Raoul Hausmann später versucht, «die Welt in einem lärmenden Lachen ad acta zu legen»,[220] verherrlicht Ribemont-Dessaignes mit seiner Anklagerede im «Barrès-Prozess» in Paris auf seine Tour «die vorzügliche Freude am Zerstören»[221] und fügt kurz darauf an:

> … ich bevorzuge die Kette aus Vitriol. Es gibt nichts, was man damit nicht zerstören könnte,[222]

nicht ohne bereits im März 1920 vorweggenommen zu haben:

> Dada ist nicht länger ein Spiel. Es gibt nirgendwo mehr irgendein Spiel. Es wird auch nirgendwo mehr irgendein Spiel geben, dafür einen namenlosen Terror gegenüber allem Verderbten und gegenüber alldem, was immer noch prahlt und was von DADA zerstört wurde und zerstört werden wird …[223]

Wir dürfen dies für eine direkte Anspielung halten auf Lenins wirksame Aktivitäten in der jungen Russischen Sozialistischen Föderativen Sowjetrepublik und ihrer Umgebung. Hier wollen wir nicht nur von dieser allgemeinen und gewissermassen abstrakten Zerstörung sprechen, wie sie jeder Revolution eigen ist und erst recht dieser vom Oktober 1917, die – es ist ein historischer Allgemeinplatz – heute als «erste totale Revolution, die gelungen ist»,[224] bezeichnet wird. Gewiss, das ist doch schon etwas, und A. Efros geht nicht fehl, wenn er bereits 1923 schreibt:

> Das Kriegsgeschrei der Dada-Gründer, das in der Schweiz anhub, als der Weltkrieg seinen kritischen Punkt erreichte: «Jeder muss schreien: es gibt eine grosse destruktive, negative Arbeit zu verrichten. Kehren, Saubermachen», wurde in Russland mit der Revolution verwirklicht.[225]

Bescheiden, wie wir sind, ziehen wir es aber vor, auf einige weniger allgemeine, dafür um so konkretere Tatsachen hinzuweisen, wo Wladimir Iljitschs dadaistischer Geist im eben erwähnten Sinn sich einen besonders freien Lauf gelassen zu haben scheint.

Beginnen wir mit der Frage der Todesstrafe. Bevor er Dada kennt, ist Lenin dagegen. Schon zur Zeit seiner Mitarbeit an der Zeitung *Iskra* (Der Funke) kurz nach 1900 verurteilt er terroristische Morde: «Ist das Leben des russischen Volkes etwa leichter geworden, weil man zwei Minister getötet hat?»[226] Später, 1911 in Paris, kommt seine Gegnerschaft noch deutlicher zum Ausdruck, wenn wir dies aus dem bereits erwähnten Zeugnis von Franz Toussaint schliessen dürfen:

> Was Robespierre und Saint-Just anbelangt, erklärt Iljitsch, er sei gegen die Todesstrafe, denn selbst das Leben eines «Ciron» sei bewundernswert. Im Lärm hat Vabre «Cicéron» verstanden. Eine sehr amüsante Verwechslung.[*][227]

Aber nach dem Zürcher Aufenthalt ist alles ganz anders. Im August 1917 lässt er seine Anhänger wissen, dass «keine Revolutionsregierung auf die Todesstrafe gegen die Ausbeuter verzichten kann».[228] Nachdem sie im Februar 1917 vollständig abgeschafft worden war, wurde die Todesstrafe (an der Front) im September von Kerenski zum Teil wieder eingeführt. Schon in den ersten Tagen der Oktober-Revolution schlägt der jahrelange Vertraute Lenins, Leo Kamenew, dem Zweiten Gesamtrussischen Kongress der Sowjets vor, auch dieses Überbleibsel abzuschaffen. Sein Antrag wird ange-

---

[*] Ciron: Made, Milbe; Cicéron: Cicero. Diese «Verwechslung» haben wir andernorts ein «gespaltenes Ohr» genannt (siehe Dominique Noguez, Le jeu de l'oreille fourchue ou il y a un farfadet en chaqu'un de nous, in: *Nyx*, Nr. 2, Paris, 1987. S. 38–53).

nommen. Lenin hält sich noch versteckt. Als er im Smolny eintrifft und erfahrt, was passiert ist, explodiert er: «Unsinn, Unsinn! Wie kann man eine Revolution absichern ohne Hinrichtungen?» Und nach einer stürmischen Diskussion überzeugt er seine lieben Genossen, diesem Beschluss keine Folge zu leisten.[229] Wir werden bald sehen, dass keine drei Monate verstreichen, bis er in vollem Ausmass verstanden sein wird.

Schon seit Juli 1917, als Kamenew und Sinowjew, von den Menschewiki ganz zu schweigen, noch dagegen sind, ist Lenin ein Anhänger des bewaffneten Aufstandes, der unfehlbar zum Bürgerkrieg führen wird. In seinem monumentalen und hervorragenden Werk über die *Revolution von 1917* [230] kommt Marc Ferro dem leninistischen Humor diesbezüglich am nächsten. Humor bedarf es in der Tat, um – wie Lenin, der sich doch schon seit zwei Monaten auf die Gewalt vorbereitet hat – noch am 27. September 1917 zu schreiben: «Indem die Sowjets *die ganze Macht* übernehmen, können sie heute noch, und dies ist wahrscheinlich die letzte Gelegenheit, die *friedliche* Entwicklung der Revolution gewährleisten.»[231] Humor übrigens auch vonseiten Ferros, der diese liebenswürdige Spitzfindigkeit noch mit der Erklärung rechtfertigt, dass gerade diese Machtergreifung durch bewaffnete Kräfte zu einer Zeit, als noch ohne deren Hilfe dahin hätte gelangt werden können, eine Art «Gewalt-Austreibung» darstelle.[232] Sei's drum, die Bolschewiki werden von nun an und während Jahren en détail das tun, was ihr Chef im Grossen und Ganzen gerechtfertigt hat, und sie werden ohne Zögern und Sentimentalität mit Massakern und Unterdrückung *im wörtlichen und allen anderen Sinnen* das Dada-Programm verwirklichen, und zwar weit über das hinaus, was sich die vorwitzigsten Eiferer je hatten vorstellen können.

Um dies zu vollbringen, geizt Wladimir Iljitsch nicht mit den Mitteln. Als er die Regierungsgeschäfte übernimmt, begnügt er sich nicht lange mit der traditionellen Polizei, der Ochrana, die doch schon den Zaren vortreffliche Dienste geleistet hat. Mit Beschluss vom 7. Dezember 1917 wurde die «Tscheka», die «Gesamtrussische Ausserordentliche Kommission gegen Konterrevolution, Sabotage und Spekulation» geschaffen, die ihrerseits am 22. März 1918 lokale Tschekas einsetzt, um alljene zu durchsuchen und zu verhaften, die sich der «Konterrevolution» widmen, und wäre es nur in der Presse. Die Führung der Tscheka wird Felix Dzierzynski anvertraut, der früher selber nach Sibirien deportiert worden ist. Diesen «russischen Saint-Just» kommentiert Gustave Welter mit den Worten:

Aus dem Gejagten ward ein Jäger, der, über die nötige Erfahrung verfügend, die Regeln der polizeilichen Hetzjagd anwandte und sich mit beflissenen Helfershelfern zu umgeben wusste, die teils geködert mit der Aussicht auf Vorteile, teils gezwungen mit purer Gewalt aus sämtlichen Milieus für diesen ruchlosen Beruf rekrutiert worden waren. So kehrte man zur Polizeiherrschaft zurück, die Russland gewohnt war. Und angesichts der drohenden Gefahr beanspruchten die Bolschewiki die tägliche Hilfe sowohl ihrer Spitzel als auch ihrer Henker.[233]

Lenin überwacht persönlich die Leistungsfähigkeit des Systems. Zwar hat er den Artikel nicht veröffentlicht, den man in seinen Schriften aufgefunden hat und wo er schon im Januar 1918 vorschlägt, «einen von zehn, die sich des Parasitentums schuldig machen, auf der Stelle zu erschiessen», doch schreibt er immerhin: «Solange wir nicht zum Terror – Erschiessung an Ort und Stelle – gegen die Spekulanten greifen, werden wir nichts erreichen»,[234] und drei Monate später verlangt er, «die Schmiergeldnehmer *erschiessen* zu lassen».[235]

Gewiss, als er am 8. Mai 1918 an den Volkskommissar für Justiz, D. I. Kurski, telegrafiert:

Es muss *sofort,* mit demonstrativer Schnelligkeit, ein Gesetzesentwurf eingebracht werden, wonach die Strafen für Bestechung (Bestechlichkeit, Korruption, Beihilfe zur Bestechung u. a. *u. dgl.) mindestens* zehn Jahre Gefängnis und darüber hinaus zehn Jahre Zwangsarbeit betragen müssen,[236]

scheint er milder gestimmt zu sein (auch wenn sein

hervorgehobenes «u. a. *u. dgl.*» den Befehlsempfängern einen unverhofften Interpretationsspielraum gibt). Aber als sich der Bürgerkrieg schliesslich im Hochsommer 1918 doch noch entwickelt, macht der dadaistische Führer – wir erlauben uns nun, den mehr als gerechtfertigten Ausdruck zu verwenden – die Sache auf breitester Front wieder gut. Er ist unermüdlich, rasend und allgegenwärtig: Am 4. Mai schlägt er vor, diejenigen Parteimitglieder auszuschliessen, die sich gegen nachweislich korrumpierte Schmiergeldnehmer «auf ein Urteil von einem halben Jahr Gefängnis beschränkt haben». («Es ist eine Schande für einen Kommunisten und Revolutionär, solche wie ein Hohn wirkende schwache und milde Urteile zu fällen, anstatt die Schmiergeldnehmer erschiessen zu lassen.»[237]); am 26. Juni rügt er Sinowjew, den Chef des Bezirkes Petrograd, weil dort der «Massenterror» zur Vergeltung von Wolodarskis Ermordung «zurückgehalten» worden ist;[238] am 9. August beschwört er den Deputierten-Sowjet von Nischni-Nowgorod, sofort die «Massenausweisung von Menschewiki und unzuverlässigen Personen» vorzunehmen und «die nach *Hunderten* zählenden Prostituierten, die die Soldaten betrunken machen, (…) *zu erschiessen bzw. aus der Stadt zu transportieren»;*[239] am 10. August befiehlt er dem Gouvernements-Exekutivkomitee von Pensa, dass «der Aufstand der Kulaken (…) mit grösster Energie, Schnelligkeit und Schonungslosigkeit unterdrückt» werden müsse und «das gesamte Vermögen (...) zu beschlagnahmen» sei[240] (ungefähr zur selben Zeit empfiehlt er sogar die Gefangennahme von Geiseln, die «ihr Leben» gegen Getreidelieferungen «eintauschen würden»;[241] am 17. August erklärt er dem Exekutivkomitee von Sadonsk, dass «die Kulaken, diese Blutsauger, (...) erbarmungslos niedergeschlagen werden» müssen;[242] am 19. August telegrafiert er denselben Befehl an das Exekutivkomitee von Sdorowez in der Provinz Orjol;[243] am 20. August weist er den Militärkommissar Semaschko (alte Bekanntschaft!) in Liwny an, «das Eisen [zu] schmieden, solange es heiss ist», und «die Rädelsführer der Kulaken zu erhängen»;[244] am 21. August erteilt er dem Gouvernements-Exekutivkomitee von Astrachan den Befehl, dass «man unerbittlich gegen die Feiglinge vorgehen» müsse.[245]

Das ist nicht alles. Bereits im Juni weiss er Besseres zu tun, als hetzerische Telegramme nach Zarizyn zu verschicken: Er entsendet eiligst einen jungen Bolschewiken, der eine grosse Zukunft vor sich hat und wahre Wunder vollbringen wird, Joseph Wissarionowitsch Dschugaschwili, genannt Stalin.[*]

Tatsächlich entsprechen die Resultate den Befehlen

---

[*] Siehe Telegramm Nr. 148 vom 8. Juni 1918 an den Flusshafen Nischni-Nowgorod, Saratow und Zarizyn: «Sie werden aufgefordert, alle Befehle und Anordnungen des ausserordentlichen Bevollmächtigten des Rats der Volkskommissare, des Volkskommissars Stalin, sofort und widerspruchslos auszuführen.» Gezeichnet: «Lenin» *(Werke* Bd. 35, a.a.O., S. 312).

vollauf. Während er selbst in Moskau 23 Menschen erschiessen lässt,[246] werden ab Juli in Murom 10 Personen
hingerichtet, 35 in Wiatka,[247] 428 in Jaroslaw,[248] 78 in
Kasan,[249] 512 während einer einzigen Nacht in Petrograd – darin sind weder die in Klin, Woronesch, Sestrorezk oder Stawropol getöteten[250] eingeschlossen, deren
genaue Zahl unbekannt ist, noch die erschossenen oder
erwürgten Offiziere von Nischni-Nowgorod (mehrere
Dutzend),[251] von Odessa (etwas mehr als 400) oder von
Kiew (ungefähr 2000).[252] Angefangen bei jenem von
Armawir, wo schon im Januar / Februar 1342 Menschen
um ihr Leben gebracht wurden,[253] finden beinahe alle
Massaker vor Ende August 1918 statt. Wohl am gelun-
gensten ist das Blutbad, das Stalin in Zarizyn angerich-
tet hat und für das ihm Lenin, der Talente jeder Pro-
venienz zu schätzen wusste, den Orden der Roten Fahne
gewährt, bevor er seinen Vollstrecker nach Wjatka
schickt, um seine Glanzleistungen fortzusetzen.

Selbstverständlich aber erreichen diese Manifesta-
tionen revolutionärer Dynamik ihren Höhepunkt erst
nach dem 2. September 1918, als der «Rote Terror» offiziell ausgerufen wird. Von da an können wir sie im Einzelnen auch nicht mehr aufführen. Es gibt zu viele
davon. Wir begnügen uns damit, ihren zutiefst dadaistischen Geist und ihre Tragweite hervorzuheben, die
auch noch die verrücktesten Erwartungen der Zürcher
Helfershelfer übertrifft. Was kann denn mehr dada sein,
als dieses von so manchen Historikern festgestellte Pa-

radoxon: In der Hauptsache waren von Beginn an nicht die zum «Klassenfeind» erklärten Bourgeois, Kulaken oder Aristokraten die Opfer von diesem Terror, sondern genau jene Menschen aus dem Volk und jene Linksradikalen, in deren Namen die Revolution durchgeführt worden war. Nach Schätzungen von Jacques Baynac oder anderen gehören weniger als ein Drittel der Opfer des Roten Terrors zur vormals herrschenden Klasse.*[254] Im Gegenteil, die ersten Schläge der Tscheka galten den Anarchisten:** Bereits in der Nacht vom 11. auf den 12. April 1918 wurden 600 von ihnen verhaftet.[255] Danach bezahlten, ganz abgesehen von den Menschewiki, alle Arten von «rechten», dann «linken Sozialrevolutionären» die Zeche.

Das Ausmass der Schlächterei erfüllt die allerhöchsten Anforderungen. «Die verstreuten und mobilen Fronten», schreibt Gustave Welter, «das Kommen und

---

*   Ebenso wurde die Todesstrafe von den Agenten Lenins mehr und mehr auch in Vergeltung kleinerer Delikte vollstreckt, «als allgemeine Massnahme der Züchtigung, wie sie auch im letzten kultivierten Land noch nie zur Anwendung kamen», schreibt Sergey Petrowitsch Melgunow in *La terreur rouge en Russie (1918–1924)*, Paris, Payot, 1927 (zit. nach Jacques Baynac, a.a.O., S. 80).

**   Wie auch Carr (in: *La révolution bolchevique*, Bd. I, a.a.O., S. 173, Anm. 72) bestätigt, «zeigte Lenin gegenüber den Anarchisten» dennoch «eine gewisse Zärtlichkeit». Aber ja doch: noch immer das gute alte dadaistische Prinzip des Widerspruchs.

Gehen der Detachemente, die oft mehr darauf bedacht
waren zu plündern, denn Glanzleistungen zu vollbringen, die unzähligen ‹Kämpfer›, die von einem Lager
ins andere überliefen, die Städte, die abwechselnd eingenommen, aufgegeben, dann wieder eingenommen
wurden, die Spitäler und Bahnhöfe voller Typhuskran-
ker – all das gab das Bild des vollständigsten Kuddel-
muddels ab.»[256] Brice Parain sagte, der Bolschewismus
sei die «Zerstörung (…) der Sprache» gewesen.[257] Dies
ist bestimmt zu niedrig gegriffen: Dem Himmel (und
Dada) sei Dank, hat er sich nicht an die Sprache gehalten. Gewiss ist es schwierig, die genauen Zahlen festzu-
stellen, aber wir wissen, dass Lenin beispielsweise im
September 1918, dem Monat, in dem der Staatsterror
begann, mit Leichtigkeit 50 000 Tote hinter sich liess.[*]
Besser: Wenn wir die Zahlen von Saroléa[258] und Komi-
ne[259] von 1923 mit jenen von *Le Matin*[260] von 1928 und
denen von Elleinstein[261] und Baynac von 1975 miteinander vergleichen – und dabei natürlich die Toten bei-
seite lassen, die schlicht der Weltkrieg, Epidemien und
sogar der eigentliche Bürgerkrieg gefordert haben,
denn es wäre ungenau und anmassend, diese einzig
Iljitsch gutzuschreiben –, so können wir ohne Übertrei-

---

[*] Nach H. W. Chamberlin, zitiert von Borys Lewytzky, *Die rote Inquisition*,
Frankfurt, Frankfurter Societäts-Druckerei, 1967. S. 36. Dem fügt
Lewytzky an (ibd.): «Viele aber, welche die Hölle der Tscheka überlebt
haben, behaupten, diese Ziffer sei viel zu niedrig angenommen.»

bung oder Frohlocken die Zahl der Toten aufgrund des leninistischen Terrors von 1918 bis Anfang 1920 *vorsichtig* auf eineinhalb Millionen schätzen. Zu diesem Zeitpunkt ist der Bürgerkrieg zu Ende, doch auch danach wird das Chaos nicht kleiner werden. Die schwindelerregende Inflation im Gefolge des N.E.P. provoziert, zusammen mit den Missernten von 1920/1921 wegen anhaltender Dürre, ein echtes Desaster:

> Man nimmt an, dass im Osten und Süden des Landes fünf Millionen Menschen an Hunger starben. Auf den Strassen irren ausgehungerte Gruppen umher, die mit Gewalt von den Städten ferngehalten werden, und Zehntausende von Kindern ohne Dach über dem Kopf geben so während Jahren ein lebendiges Zeugnis ab von einer Geissel, wie sie Europa seit dem Mittelalter nicht mehr erlebt hatte.[262]

XII

LENINISMUS UND PATAPHYSIK

Tod, Unterdrückung, Hungersnot, Chaos und Desaster: Sei's drum, mag eingewendet werden, aber warum soll dies Dada mehr kennzeichnen als all die anderen, die unsere Menschheitsgeschichte seit der dunklen Vorzeit erleuchtet haben?

Weil, werden wir mit dem gesunden Menschenverstand antworten, um den uns Monsieur de la Palice bestimmt beneidet hätte, weil es Dada früher gar nicht gab (auch wenn ein Flugblatt von 1921 versichert: «Dada gibt es schon immer»[263] ...). Und auch, weil es in einem solchen Kuddelmuddel (um den Begriff von Gustave Welter wieder aufzunehmen) ein munteres Durchhalten bis zum Ende gibt, nennen wir sie beim Wort: eine *Hungehäuerlichkeit,* in der wir schon aus zwanzig Werst Entfernung ihren ... Père Ubu ausmachen können.

Denn der Name des schillerndsten Helden von Alfred Jarry liefert uns einen Bezugspunkt und ein *essenzielles* Kriterium für den Dadaismus, auch wenn er bis anhin – *nostra culpa* – noch nicht unter unsere Feder geraten ist. «Für die Idee» («ich will sagen, die tierische Farce des Lebens, das wir während des Krieges so tragikomisch leben mussten»), schreibt Clément Pansaers, ist Alfred Jarry «der theoretische Ausgangspunkt» von Dada gewesen.[264] «Wenn irgendjemand Vater des Dadaismus genannt werden kann», doppelt der Kritiker Kenneth Coutts-Smith nach, «ist dies wohl Alfred Jarry, der mit seiner monströsen Schöpfung des *Ubu Roi* die Bourgeoisie des XIX. Jahrhunderts sinnbildlich darstellte und geisselte.»[265] Alle haben diese Vaterschaft anerkannt, angefangen mit Tzara:

> In Zürich hatte ich ihn noch nicht gelesen, aber ich kannte ihn bereits … Sein Geist war so lebendig, dass er uns gewissermassen über die Atmosphäre erreichte, die von ihm vollgesogen schien. Sein umfassender Spott, sein Nihilismus, sein Sinn für die Nutzlosigkeit moralischer und philosophischer Rangordnungen, sein Hass auf die Bürger machten ihn zu unserem Bundesgenossen. (…) *L'Esprit nouveau* [der neue Geist] eines Apollinaire kommt in direkter Linie von Jarry, dieser Sinn für Umor, ohne «H» und ohne Lachen, bildet die Grundlage des Dada-Humors. Jacques Vaché war leidenschaftlich von Jarry eingenommen. Er hat uns alle beeinflusst.[266]

Wie konnte Lenin unter diesen Umständen und trotz seiner vergleichsweise kulturellen Unbedarftheit[267] nichts von Père Ubu wissen? Bereits an der «Französi-

schen Soirée» vom 14. März 1916, also nach seiner Ankunft, las Hans Arp «aus ‹*Ubu Roi*› von Alfred Jarry»,
wie Ball sogleich in seinem Tagebuch notiert.[268] Wenn
Lenin ihn auch nicht gelesen hat, so hat er doch sicher
(wie Tzara in demselben Augenblick) von ihm *sprechen
gehört*. Und niemand wird bestreiten, dass viele Taten,
die der Präsident des Rates der Volkskommissare von
1917 bis zu seinem Tod offen oder heimlich durchgeführt, angeordnet und gedeckt hat, das Brandmal tragen, das für den Geist Ubus so typisch ist. Dies geht
schon aus diesen dadaotisch vielen Hinrichtungen in
Moskau und anderswo hervor, die wir eben erwähnt haben, und die direkt dem zu huldigen scheinen, welchen
Jarry ausrufen lässt: «Macht Kompott aus diesen Mos-
koviten!» oder: «Ich ziehe in den Krieg und bringe sie
alle um.»[269]

Das schönste Beispiel dafür bleibt, wenn wir schon
bei den Massakern sind, die Vernichtung der Zarenfamilie im Juli 1918. Ein Historiker wie Gustave Welter
hat völlig verstanden, dass sich der «Rote Terror» gerade in diesem Punkt leuchtend von irgendeinem anderen Terror in der Geschichte abhebt, ganz besonders
vom jakobinischen Terror. Dieser nämlich bewahrt mit
seinem Trikoloren-Pomp, seinem juristischen Apparat,
seinem Revolutionsgericht und seiner Guillotine, die
am helllichten Tag und erst noch vor aller Augen funk-
tioniert, etwas Zweckmässiges und Erbauliches. Der
«Rote Terror» hingegen operiert heimlich, kurz und

bündig, brutal, grau-grün finster und verborgen[270] mit
der launenhaften Grausamkeit und schmollenden Gewalt eines Kindes, das ins Kraut schiesst: Ohne auch
nur mit einem selbst hingepfuschten Prozess Zeit zu
verlieren, sind – nachdem Lenin* grünes Licht dazu gegeben hat – Zar Nikolaus ii., seine Frau Alexandra, sein
Sohn Alexej, seine vier Töchter und vier weitere Ange-
hörige nachts in einem Keller in Jekaterinburg (oder
Jekaterinenburg) mit Revolverschüssen niedergemacht
worden. Wir glaubten fast, das berühmte «dans la trappe!» («in die Versenkung!») des jarryesken Potentaten
zu vernehmen. Es gibt übrigens eine weitere tiefe Ver-
wandtschaft zwischen dem Führer der Bolschewiki und

---

* «Das Prozedere der Hinrichtung wird im Kreml *im kleinen Kreis um
Lenin* bis ins letzte Detail festgelegt. (…) Swerdlow entscheidet – *natürlich in Übereinstimmung mit Lenin* – ohne Zustimmung des höheren
Organs, des Sowjet-Kongresses, mit der Zarenfamilie Schluss zu machen. Der Kreml schickt seine Befehle durch den Boten Golostsch-
kin auf direktem Weg nach Jekaterinburg», schreibt Alexander
Kerenski in *La vérité sur le massacre des Romanov* (Paris, Payot, «Bibliothèque historique», 1936. S.245) (Hervorhebungen vom Autor). Siehe auch Louis Fischer *(Das Leben Lenins,* a.a.O., S.358), der eine
Aussage Swerdlows wiedergibt, wie sie von Trotzki in seinem 1935
geschriebenen *Tagebuch im Exil* überliefert wurde: «Auf Trotzkis Frage, wer diese Entscheidung getroffen habe [er wusste es nicht, weil
er im Zeitpunkt der Entscheidung eine Mission an der Front zu er-
füllen hatte], antwortete Swerdlow: ‹Wir hier, Iljitsch war der Meinung, dass man den Weissen kein lebendes Symbol ihres Kampfes
belassen dürfe, insbesondere nicht unter den augenblicklichen
schwierigen Umständen.›»

dem der Palatiner, nämlich wie beide ihre Todesopfer bevorzugt im Untergrund zum Verschwinden bringen, was vierundzwanzig Stunden später, in der Nacht zum 17. auf den 18. Juli, andernorts im Ural, in Alapajewsk, anlässlich einer anderen Hinrichtung noch viel deutlicher wird: Die Zarenschwägerin Elisabeth Feodorowna und mehrere Mitglieder der kaiserlichen Familie enden im Schacht eines Bergwerkes! «So ging», schreibt Welter, «eine Dynastie in Blut und Schmutz zugrunde, deren Schicksal alle Formen der Tragödie ausgeschöpft zu haben scheint.»[271] Gut beobachtet, nur dass sich die leninistische Revolution deutlich weniger auf Sophokles oder Shakespeare zu beziehen scheint denn auf Jarry und das Dada-Theater, dem der Stachel typisch schwarzen Humors und blutiger Hungehäuerlichkeit eigen ist. Tatsächlich wimmelt es in den bekanntesten Stücken dieses Theaters (abgesehen von jenen Tzaras), also jener Stücke von Ribemont-Dessaignes und namentlich dem *Kaiser von China* (das, angefangen Ende 1915, als «eines der ersten Zeugnisse der Avantdadazeit einen integralen Teil von Dada darstellt», wie sein Autor erklärt[272]), von «Morden, Vergewaltigungen, Inzest und Folter». Michel Corvin bemerkt sehr richtig, dass «die widerliche Wirkung dieser Massaker durch den blutigen Realismus der Szenen ebenso wie durch die barsche Kaltblütigkeit ihrer Ausführung noch verzehnfacht wird».[273] So scheint dieser Kommentar perfekt das traurige Ende der Romanows zu beschreiben: Die

leblosen Körper wurden auf einem Lastwagen wegge-
karrt und in einem Wald von der Ladebrücke gewor-
fen. Dort, so erzählt Gilbert Compte, rissen die Mörder

> die Kleider von den Körpern und schnitten diese in
> Stücke. Nachdem sie sie reichlich mit Schwefelsäu-
> re und Benzin übergossen hatten, entfachten sie
> dort ein Feuer.[274]

Können wir darin nicht auch eine besonders schöpferische Schlussfolgerung aus einem Satz von Ball erkennen? Es «bleibt [uns] nur die Blague und die blutige
Pose»[275] – oder, besser noch – die *wörtliche* Ausführung
eines Befehls von Père Ubu: «Stantepede hol ich mir's!
(...) Möge der Stock zack (...) dem Moskoviten-Kaiser
den Garaus machen, einen Stollen in ihn zu treiben
und mit dem Abbau zu beginnen»,[276] oder noch: «Vor-
wärts, Hornzackwamme! Töhötet, schlachtet, metzelt,
macht ihnen den Garaus, beim Hornzack des Ubu!
(...) Enthihirnen, Töhöten, Ohnabschneiden!»[277]

Diese pataphysische Behandlung ist übrigens nicht nur
der kaiserlichen Familie vorbehalten: Tausende kleiner
Leute haben ein Anrecht darauf, manchmal mit Fein-
heiten des Humors, die uns in bewunderndes Staunen
versetzen. Der frühere Professor an der Petrograder
Universität, Ivan Pouzyna, berichtet zum Beispiel, wie
Lenin eines Tages im Jahre 1918 von Dzierzynski ver-

langt hat, ihm eine Liste der im Lubjanka-Gefängnis inhaftierten Menschen vorzulegen:

Einige Tage später fand Dzierzynski die Liste auf Lenins Schreibtisch wieder: Drei Namen waren mit Rotstift unterstrichen. In die Lubjanka zurückgekehrt, beeilte sich Dzierzynski, sie hinzurichten. Während des folgenden Besuches von Dzierzynski im Kreml fragte Lenin den Chef der Tscheka, ob er die Liste mit den fraglichen Namen mitgenommen habe. Dieser antwortete: «Ja, Genosse Lenin, alle drei sind hingerichtet worden.» Da brach Lenin in ein tolles Gelächter aus und sah ihn an. Als er das Staunen Dzierzynskis bemerkte, erklärte er ihm, dass er diese drei Namen unterstrichen habe, weil er in seiner Kindheit Leute gekannt habe, die genau so hiessen, und dass er sich darüber habe informieren wollen, ob die betreffenden Gefangenen nicht Bekannte aus vergangenen Zeiten waren.[278]

Es gab da auch noch die Sache mit den Amnestien. Namentlich am 15. Januar 1920 kündigt Felix Dzierzynski als Präsident der Tscheka in der *Iswestija* persönlich an, die «höchsten Strafmassnahmen» seien abgeschafft. Noch bevor der Beschluss veröffentlicht wurde, breiteten sich rasch die Gerüchte darüber aus, und die Gefangenen frohlockten beinahe überall: Wenigstens war ihr Leben gerettet! Welch sündhafte Naivität, welch verhängnisvoller Mangel an Sinn für Dialektik und Humor! Denn in der Nacht bevor die Amnestie in Kraft tritt, richtet es die Tscheka auf originelle Art ein, dass es am folgenden Tag gar keine Todeskandidaten mehr gibt: Sie richtet sie alle hin! 300 Menschen in Moskau, 400 in Petersburg, 52 in Saratow und so weiter werden «abgeschlachtet wie Vieh»:[279] Auserlesene einer ingeniösen Interpretation von Gnadenerlassen. Der kleine jarryeske Touch dieser Operation springt in die Augen, sofern wir nicht an zwei andere Experten des schwarzen Humors denken, die gleichermassen stark von Dada einverleibt worden sind: den Baudelaire von «Mauvais vitrier» oder von «Assommons les pauvres» und Ambrose Bierce von «An occurence at owl creek bridge». Wir können uns davon anhand des folgenden Beispiels überzeugen, das uns von einem Überlebenden des Massakers vorgebracht wird:

> Am Morgen transportierte man einen Mann mit gebrochenem Kiefer und zerfetzter Zunge von der Moskauer Tscheka zum Gefängnisspital. Mehr schlecht als recht erklärte er, dass man ihn füsiliert habe, aber ohne ihn vollends zu töten, und er wähnte sich gerettet, zumal man ihm nicht den Gnadenstoss gegeben hatte: Man transportierte ihn stattdessen in die chirurgische Abteilung und liess ihn dort liegen. Er strahlte vor Freude, seine Augen glänzten, und man sah, wie er sein Glück kaum fassen konn-

te. Es gelang uns nicht, seinen Namen oder Beruf in Erfahrung zu bringen. Aber am Abend holte man ihn mit seinen Verbänden am Kopf wieder ab und richtete ihn hin.[280]

Es hat noch andere Amnestien dieser Art gegeben: so diese zu Beginn des Zweiten Kongresses der Kommunistischen Internationale im Juli 1920, die binnen einer einzigen Nacht den Tod von 70 Personen im Gefängnis von Butirky zur Folge gehabt hat.[281] Deshalb auch ist es schwierig, die «beklemmende» Inschrift zu datieren, die – gemäss Melgunow – auf den Mauern der Spezialabteilung der Moskauer Tscheka auftaucht: «Die Nacht der Amnestie ist zur Blutnacht geworden.»[282]

In anderen Fällen ist die Amnestie *allem Anschein nach* in durchaus klassischer Form angewandt worden. Allem Anschein nach, denn sie barg eine maliziöse Ausnahme: Die Todesstrafe blieb in den frontabhängigen Gebieten in Kraft. Und daraus ergab sich die Möglichkeit für neuartige Scherze, wie die Anweisung bezeugt, welche die oberste Tscheka am 15. April 1920 an die lokalen Tschekas schickt:

Da die Todesstrafe abgeschafft wurde, empfehlen wir, alle Personen, die aufgrund ihrer Handlungen die Todesstrafe verdienen, in Gebiete mit militärischen Operationen zu schaffen, das heisst an einen

147

Ort, wo das Dekret über die Abschaffung der Todesstrafe keine Geltung hat.[283]

Um mit diesem tschekistischen Beispiel zu schliessen,
müssen wir noch ein Detail in Erinnerung rufen, das
uns ein wenig deutlicher ins Reich von *Ubu Roi* eintau-
chen lässt. Ein «Augenzeuge», der im Juni 1921 im Inneren Gefängnis der Wetscheka in der Lubjanka ein-
gesperrt war, offenbart es uns: Zahlreiche Tschekisten
«werden verrückt».[284] Und «diejenigen, welche nicht
verrückt geworden waren, wurden ihrerseits von neuen
Saubermännern gesäubert», präzisiert Jacques Baynac.[285] Glaubten wir nicht auch hier, erneut den Helden
von Jarry zu vernehmen, der in immer wiederkehren-
den Wellen Adlige, Beamte oder Phynanziers zum Verschwinden bringt: «Dans la trappe! dans la trappe!»?

Jarryesk auch, wie Lenin bereits 1918, zur Freude von
Gross und Klein, beherzt diesen «Personenkult» ins
Schwingen bringt, der nach seinem Tod jede Volks- oder
andere Demokratie zieren und charakterisieren wird.
Zuerst war es nicht darum gegangen, die «zu Ehren von
Zaren und Zarenhöflingen errichteten Denkmäler»[286] zu
entfernen und durch Marx-Büsten und «Denkmäler für
hervorragende Persönlichkeiten der revolutionären Bewegung und Kultur» zu ersetzen, ohne diese zu präzisie-
ren, oder präziser durch «Denkmäler der russischen sozialistischen Revolution».[287] Weil die Angelegenheit sich
endlos hinzog, hat Lenin dann intervenieren müssen:

Habe heute Winogradows Bericht über die Büsten und Denkmäler gehört und bin aufs äusserste empört; monatelang ist nichts geschehen; bis heute gibt es nicht eine einzige Büste (...). Hiermit erteile ich eine Rüge wegen verbrecherischen und nachlässigen Verhaltens und verlange, mir die Namen aller Verantwortlichen mitzuteilen, um sie dem Gericht zu übergeben. Schande über die Saboteure und Tagediebe.[288]

Die «Saboteure» und «Tagediebe» unschädlich gemacht, erkennen wir schliesslich, wie zum grossen Missfallen einiger Ewiggestriger der «Linksfront der Kunst» (LEF) sich «Darstellungen von Lenin in Gips, Marmor oder Bronze» ausbreiten, «die man für eine bestimmte Summe den Fabriken und Behörden anbot».[289] Bald schon löste die schreibende die plastische Kunst ab, und die Lobrede und Übertreibung feierten Urständ, bis hin zu einem Gemässigten wie Lunatscharski, der etwa Lenin dafür lobt, er habe «diese Zeit mit dem energiespendenden Saft seines überragenden Gehirnes befruchtet...»[290]

Ist Lenin der Düpierte? Offensichtlich nicht. Er verkörpert, mit welch Begabung!, eine *Figur*, wie vor ihm Firmin Gémier (der Schöpfer der «Rolle») und wie nach ihm so viele andere in Theater oder Film. Nicht zufällig erklärt er eines Tages: «Chaplin ist der einzige Mensch der Welt, dem ich begegnen möchte.»[291] Er weiss, wo seine wahre Familie ist!

Die ubueske Karte ist jedoch nur eine von vielen im grossen Dada-Spiel des bolschewistischen Führers. Wenn man punkto Farcen auch nie so gut bedient ist wie mit seinen eigenen, so sollte man doch auch auf die Dummheit der anderen setzen. «Das Volk ist in seiner Masse unaufgeklärt», sagt er eines Tages im Juni 1918 im engen Kreise. *«Das Volk ist ermüdet, man kann es natürlich zu irgendeiner Torheit treiben ...»*[292]! Von Beginn der Revolution an fordert er heimlich die Übertreibung. «Alle Macht gehört den Sowjets», ruft er etwa dem Präsidium des Moskauer Sowjets in Erinnerung. «Bestätigungen nicht nötig. Ihre Absetzung des einen und Ernennung des anderen ist Gesetz.»[293] Mit anderen Worten: Keine Leitlinien, es lebe der Spontaneismus, Zeichen exquisiter Exzentriker! Diese lassen nicht lange auf sich warten, das Schönste ist sicher die «Verstaatlichung der Frauen»,[294] wie sie vom Sowjet von Samara beschlossen wurde ...

Trotzdem, einer der glücklichsten Funde dadabolschewistischen Humors ist einzig Verdienst Wladimir Iljitschs. Es ist dies die Geschichte der russischen Staatsanleihen. Alle, oder doch beinahe alle, haben in ihrer Familie eine Grossmutter, einen Cousin oder einen alten Onkel, die, wenn sie nicht selbst ihr persönliches Sparschwein aufgebrochen, doch wenigstens Verwandte oder Freunde gekannt, welche sich in den Ruin gestürzt haben, um jene fabelhaften Obligationen zu erwerben, die vom russischen Kaiserreich – fortan dick

*Abb. 20: Coupon einer russischen Staatsanleihe
(Foto: Roger – Viollet, Paris).*

mit Frankreich verbündet – ab 1891 ausgegeben worden waren. Wie viele dieser Ahnen haben sich so nicht in fantastische Träumereien verstiegen! Wie viele von ihnen sind diesen nicht verfallen, betört von in Kaskaden rieselnden Kopeken und Strömen fliessenden Wodkas, begleitet von Zigeunergeigen oder urwüchsigen Bojaren-Gesängen, hier das monumentale Buffet von Heinrich II., dort der funkelnde Panhard mit Daimler-Motor, wie viele haben nicht schon den schmucken Vorstadt-Pavillon in Haÿ-les-Roses vor sich gesehen, der früher oder später die Karrieren dieser Kleinsparer gerechterweise hätte krönen müssen! Wie viele dieser Sparstrumpf-Helden waren bei der Meldung der Ereignisse vom Februar 1917 nicht totenbleich geworden, um dann – im Oktober – wirklich jede Farbe zu verlieren, als sie von der gelungenen bolschewistischen Revolution erfuhren. Und welch noch viel schlimmere Qualen empfanden sie, als sie von den ersten Finanzmassnahmen der neuen Regierung hörten, die mit Beschluss vom 29. November 1917 die Zahlung aller Zinsen oder Dividenden auf Obligationen und Aktien kurzerhand stoppen liess und alle Transaktionen auf diesem Gebiet verbot! Wie viele von ihnen wurden nicht von einer Depression oder einem Hirnschlag gestreift, und damit wollen wir schliessen, als am Tag, der dem schrecklichen 28. Januar 1918 folgte, ein von Lenin unterzeichneter Beschluss für immer und ohne Entschädigung sämtliche «Auslandsschulden», für die der russische Staat gebürgt hatte, annullierte und so Obligationen im Wert von mehr als 14 Milliarden Francs wegzauberte und mit einem Schlag die schillernden Träume vom haushälterisch wirtschaftenden Franzosen auf den vulgären Status zurückwies: «Kalb, Kuh, Dreckspatz, Brut»! Aber wie viele von ihnen wären, wenigstens zum Teil, darüber hinweggetröstet worden, über wie viele Gesichter von ihnen auch hätte ein verstohlenes Lächeln huschen können, wie viele, die immer noch leben, könnten leichter sterben, wenn sie wissen könnten – oder hätten wissen können –, dass der Unterzeichner dieses schicksalsschweren Beschlusses, als er ihnen diesen gelungenen Streich spielte und sich trotz heftigster Proteste von offizieller Seite auch später nicht davon abbringen liess, nichts anderes tat, als die Parole zu verwirklichen, die sein Freund Tzara, typisch dada, formuliert hatte:

ZEICHNET ANLEIHEN BEI DADA

DIE EINZIGE ANLEIHE, DIE NICHTS EINBRINGT

(Abb. 21)[295]

SOUSCRIVEZ

A

DADA

LE SEUL EMPRUNT
QUI NE RAPPORTE RIEN

hurle hurle hurle hurle hurle hurle hurle hurle hurle hurle
hurle hurle hurle hurle hurle hurle hurle hurle hurle hurle
hurle hurle hurle hurle hurle hurle hurle hurle hurle hurle
hurle hurle hurle hurle hurle hurle hurle hurle hurle hurle
hurle hurle hurle hurle hurle hurle hurle hurle hurle hurle
hurle hurle hurle

QUI SE TROUVE ENCORE TRÈS SYMPATHIQUE

Abb. 21: «Zeichnet Anleihen bei Dada ...»[295]

XIII

DER WAHRE SINN DER RUSSISCHEN REVOLUTION

Diejenigen, die da und dort über Lenins Humorlosigkeit hergezogen sind (etwa Louis Fischer, der schreibt: «Lenin hat dem Weltschatz an Witzen nichts hinzugefügt»[296]), sitzen jetzt ganz schön in ihrer Tinte. Gerade weil sie Humor mit Witz verwechseln. Der wahre Humor – und speziell der Humor bei Jarry oder der Dada-Humor – übertrifft den Witz bei weitem. Oder vielmehr, untertrifft er ihn. Es siedelt sich an zwischen wildem Masochismus und abgründiger Wut, närrisch gegen alles und vor allem gegen sich selbst, er, der im besten Fall die entspannte Haltung der heiteren Verzweiflung einnehmen kann, im schlimmsten jene der selbstmörderischen Entwürdigung, sogar des sarkastischen Holocaust. Jedenfalls steht er aufseiten des Nihilismus. Dies ist die letzte der dadaistischen Spuren, die wir aufnehmen wollen – und es ist nicht die unbekannteste. Wir erinnern daran, dass «Nichts» einen der ersten Begriffe darstellt, mit welchen Ball den Dadaismus definiert[297] hat, und wollen uns begnügen, in loser Folge Tzara zu zitieren («Wir suchen NICHTS»[298]) oder Soupault («Warum darauf beharren? / es gibt nichts, / es hat immer nur nichts gegeben ...»²⁹⁹) oder Ribemont («Ihr wisst nicht, dass man fest mit Nichts verbunden und vergnügt sein kann», «Dada bezweifelt beständig», «Es gibt nichts zu lernen, nichts zu lehren, keine Kenntnis, keine Wahrheit»³⁰⁰).

Lenin wäre in dieser Liste aufzuführen. Aber fett gedruckt. Denn er hat sich nicht mit Erklärungen begnügt. Sein Nihilismus war ein *angewandter* Nihilismus. Wenn es *nach dem Tode von Gott* (in dem Sinne wie Heidegger Nietzsche auslegt) je einen Menschen gegeben hat, der gleichzeitig Produkt war des Wertewandels wie auch des Wandels dieses Wertewandels selber, so ist es Lenin! Alles ist möglich, namentlich im Abscheulichen, da doch nichts einen Wert hat! Hier also die leuchtende Botschaft, die er uns hinterlässt und die sich dadurch auf immer von gewöhnlichen Attilas oder Dschingis Khans der Geschichte unterscheidet, die lediglich *prosaisch* raubschatzten und massakrierten. Er aber, der die dadaistische Gnade empfangen hatte, wusste als grosser Humorist zum einen, wie keiner die Hoffnung auf eine bessere Welt *hienieden* zu entzünden, und diese Hoffnung zugleich (wie keiner) am ungezähmtesten zu vernichten und auszuplündern.

So bekommt also die Russische Revolution ihren wahren Sinn zurück, wenn wir sie neu im (schwarzen) Lichte Dadas lesen: immense Farce, spät zündende Höllenma-

Abb. 22: «Ein Lächeln, das uns nicht in die Irre führen kann ...». Oben: Lenin, am 1. Mai 1920 in Moskau (Fotos: P. Otsup). Unten links: Lenin, 1922 in Gorki (Foto: M. Uljanowa). Unten rechts: am 21. April 1921 in Moskau (Foto: L. Leonidow).

schine, grosse Verhöhnung der «Proletarier aller Län-
der» ebenso wie der Bürger, wie der gerechtigkeitsfana-
tischen Idealisten, wie der Unterdrücker und Nutzniesser
aller Schattierungen.

Und wenn wir bedenken, dies ist so offensichtlich, so in
die Augen springend, *Lenin selbst schrie es uns stumm mit
so viel Nachdrücklichkeit zu,* dann sind wir erstaunt, dass
vor uns noch niemand es gesehen haben soll! Ja, Lenin selber. Und ganz bis zum Schluss. Bis hin zu diesem so beredten Ende, das Schweigen war und Lachen.
Schweigsam, als hätte er nichts mehr zu sagen, als sprä-
chen die Tatsachen für sich und strahlte die Farce in all
ihrem Glanz. Das lange und ungebrochene Schweigen
beginnt im März 1923: offiziell als Folge eines Hirn-
schlages, der ihn merkwürdigerweise auf einen Schlag
um den Gebrauch der Sprache bringt wie auch um die
Fähigkeit, eine Füllfeder zu halten – tatsächlich stimmt
dies jedoch mit einer der letzten Parolen Dadas überein («KEINE WORTE MEHR ... Sprecht nicht mehr»,
schreibt Tzara im Mai 1920[301]), und in diesem köstli-
chen Detail, von dem Gustave Welter berichtet, entde-
cken wir einen wertvollen Hinweis: «Trotz der ergebe-
nen Hilfe seiner Frau gelang es [Lenin] nicht, das Wort
‹Revolution› zu schreiben oder auszusprechen.»[302]

Dafür aber Lachen – und was für ein Lachen! – an diesem 19. November 1922, das sein letztes öffentliches

Erscheinen begleitet. Obwohl krank, will er vor dem Moskauer Sowjet auftreten: «Er wollte sprechen», erzählt Pouzyna, «aber die Worte waren schlecht artikuliert, es war unmöglich, ihn zu verstehen. Alle hörten ihm schweigend zu. Schliesslich schwieg er und ... begann zu lachen, ein verrücktes Lachen auch. Damit endete die politische Aktivität von Lenin.»[303] Können wir uns eine deutlichere Botschaft erträumen? Dies ist das wahre «Testament» Lenins – und es ist nicht unter zweifelhaften Umständen in seinem Namen verfasst und ihm untergejubelt worden.

Falls sich doch noch Leser oder Leserinnen finden, die auch nach diesem letzten Hinweis nicht überzeugt sein sollten und die selbst den ernsthaftesten Historikern (manchmal durchaus mit Grund) misstrauen, so möchten sie sich doch mit eigenen Augen überzeugen und die letzten Fotos genau anschauen: Trotz Retuschen einer offiziellen Kunst, die flink *normalisiert,* sehen sie dort ein Lächeln, das uns nicht in die Irre führen kann. Zu diesem Zeitpunkt hat Lenin eben den beruflichen Aufstieg eines Mannes sichergestellt, den er nacheinander zum Gründer der *Prawda* (welch scherzhafter Name), zum Vorstand von Zarizyn, zum Kommissar für Nationalitäten und für die Arbeiter- und Bauern-Inspektion und schliesslich zum Generalsekretär des Zentralkomitees zu machen gewusst hat, einen Mann schliesslich, von dem er mit befremdlicher Gourmandise gesagt hat: «Dieser Koch kann nur scharfe Gerichte zubereiten.» Ja wie hätte er denn nicht lächeln, nicht in irres Gelächter ausbrechen sollen, er, der im Begriffe war, die grösste dadaistische Tat seines Lebens – und ohne Zweifel des ganzen Jahrhunderts – zu vollbringen, nämlich Joseph Stalin zu seinem Nachfolger und damit zu einem der grössten Helden unserer Zeit zu machen!

Abb. 23: Lenin und Stalin im April 1922 (Foto: M. Uljanowa).

ANMERKUNGEN

EDITORISCHE NOTIZ

Sämtliche Quellen, Hinweise und Dokumente, die Dominique Noguez in der vorliegenden Studie verarbeitet und zitiert hat, wurden vom Herausgeber verifiziert: Sie sind unwiderlegbar authentisch.

Die «Anmerkungen» sind für die deutschsprachige Ausgabe von «Lenin dada» überarbeitet und im Einvernehmen mit dem Autor geringfügig ergänzt worden.

Im Interesse einer besseren Nachprüfbarkeit und in der Hoffnung auf weitere wissenschaftliche Vertiefung werden im Folgenden jene Quellen und Dokumente ausgewiesen und zitiert, die im deutschen Sprachgebiet am ehesten greifbar sind (im Zweifelsfall entschied sich der Herausgeber für doppelte Quellenangabe). Wichtige Zeugnisse werden im Übrigen in der jeweiligen Originalsprache wiedergegeben.

1 «Dada philosophe», *Littérature* Nr. 13 (Paris, Mai 1920). Zit. nach: Francis Picabia, «Dada Philosophisch», *Schriften* Bd. I (Hamburg, Edition Nautilus, 1981), S. 78.

2 «dadaistisches manifest», Auszug des ersten Dada Manifestes in deutscher Sprache, vorgetragen auf der grossen Berliner Dada Soiree am 12. April 1918, in: *Dada Almanach*, Hrsg. R. Huelsenbeck (Berlin, Erich Reiss Verlag, 1920). Zit. nach: unveränderter Reprint (Hamburg, Edition Nautilus, 1980), S. 40.

3 «Sur la dialectique matérialiste», in: *Pour Marx* (Paris, Maspero, coll. «Théorie», 1965). Zit. nach: Louis Althusser, «Über die materialistische Dialektik», in: *Für Marx* (Frankfurt am Main, Suhrkamp Verlag, 1968), S. 117.

4 «[Richtiges Denken]», Notizen zur Philosophie 1929–1941, in: Bertolt Brecht, *Gesammelte Werke* Bd. 20 (Frankfurt am Main, Suhrkamp Verlag, 1967), S. 166.

5 Lenin, *Werke,* insbesondere Bde. 35, 36, 37 und *Briefe* Bd. IV (Berlin, Dietz Verlag, 1962 / 1967).

6 Nadeschda Krupskaja, *Erinnerungen an Lenin* (Berlin, Dietz Verlag, 1959), S. 358.

7 Beispielsweise Edmund Wilson, *Auf dem Weg zum Finnischen Bahnhof* [To the Finland Station], Über Geschichte und Geschichtsschreibung (Frankfurt am Main, Suhrkamp Verlag, 1974). Oder auch: Louis Fischer, *Das Leben Lenins* (Köln-Berlin, Verlag Kiepenheuer & Witsch, 1965); Gérard Walter, *Lénine* (Paris, Albin Michel, 1971); David Shub, *Lenin* (München, Wilhelm Heyne Verlag, 1978).

8 Willi Gautschi, *Lenin als Emigrant in der Schweiz* (Zürich, Benziger Verlag, 1973), S. 179.

9 Alexander Solschenizyn, *Lenin in Zürich* (Bern, Scherz Verlag, 1977), S. 65.

10 Hugo Ball, *Die Flucht aus der Zeit* (München und Leipzig, Duncker & Humblot, 1927). Zit. nach: Neuauflage (Luzern, Verlag Josef Stocker, 1946), S. 163. Auszüge dieses Tagebuches wurden auch publiziert in: Hans Arp, Richard Huelsenbeck, Tristan Tzara, *Dada, Die Geburt des Dada / Dichtung und Chronik der Gründer* (Zürich, Peter Schifferli Verlags AG Die Arche, 1957), S. 146.

11 «Le Cabaret se tenait au n° 1 de la Spiegelgasse. Or Lénine habitait avec sa femme, Krupskaïa, au 12 de la même rue. Lénine jouait des parties d'échecs au Café Terrasse, certains dadaïstes aussi. *Ils s'ignoraient cordialement.»* Georges Hugnet, *L'aventure Dada* (1916–1922), mit einer Einleitung von Tristan Tzara (Paris, Galerie de l'Institut, 1957), S. 23. Neuausgabe (Paris, Seghers, 1971), S. 24. (Hervorhebung des Autors.)

12 Hans Richter, *Dada – Kunst und Anti-Kunst* (Köln, DuMont Schauberg, 1964), S. 14.

13 *ibd.*, S. 25–26.

14 «Of Lenin we heard very little – they say he once went to the cabaret – I never saw him. I don't know even how he looks.» Richard Huelsenbeck, «Dada, or the Meaning of Chaos», *Studio International,* vol. 183, Nr. 940 (London, Januar 1972), S. 28. Huelsenbeck scheint hier beinahe wörtlich Hans Arp zu zitieren, der bereits im Juni 1948 erklärt hat: «Unweit des ‹Cabaret Voltaire›, in dem Dada das Licht der Welt erblickt hat, in der Spiegelgasse, wohnte einige Häuser weiter oben, rechter Hand, der Genosse Lenin. Einige meiner Freunde behaupteten, ihn im Cabaret Voltaire gesehen zu haben.» («Dadaland», Sonderheft *Atlantis,* Zürich, Juni 1948. Zit. nach: Hans Arp, Richard Huelsenbeck, Tristan Tzara, *Dada,* Die Geburt des Dada / Dichtung und Chronik der Gründer, a. a. O., S. 107.)

15 «Arp, Ball and Huelsenbeck never met Lenin although Tzara later told friends in Paris that he ‹exchanged ideas› with him …» Hans J. Kleinschmidt, Einleitung zu *Memoirs of a Dada Drummer* von Richard Huelsenbeck (New York, The Viking Press, 1974), S. xxvi.

16 Sergius Golowin, «Das Doppelantlitz des Aufruhrs: Dadaismus-Bolschewismus» in: *Neue Zürcher Zeitung* Nr. 495 (Zürich, 5. Februar 1966).

17 Marcel Janco, «Schöpferischer Dada», in: Willy Verkauf, *Dada – Monographie einer Bewegung,* dreisprachige Ausgabe (Teufen / Schweiz, Arthur Niggli, 1957), S. 31.

18 Nadeschda Krupskaja, *Erinnerungen an Lenin,* a. a. O., S. 75.

19 *ibd.*, S. 80–81. (Hervorhebung des Autors).

20 Nadeschda Krupskaja, «Über Wladimir Iljitsch», in: *Das ist Lenin,* Eine Sammlung ausgewählter Reden und Artikel (Berlin, Dietz Verlag, 1970), S. 23–24. In «Was Iljitsch aus der schönen Literatur gefiel» (*ibd.,* S. 113) kommt Krupskaja erneut auf diese Begegnung zu sprechen. [Anm. d. Übers.: Der Übersetzer des Dietz Verlages verfremdet «Montéhus» an verschiedenen Stellen zu «Montégus»; wir korrigieren dies ohne besonderen Vermerk.]

21 «Après l'audition de Montéhus, Lénine disparut. On le chercha dans la salle, mais il n'y était pas. On apprit qu'il était allé dans les coulisses faire la connaissance du chansonnier. Et ils s'emballèrent tellement l'un pour l'autre par leur conversation, qu'ils restèrent sans y prendre garde, jusqu'à quatre heures du matin.» Aline, *Lénine à Paris,* Souvenirs inédits, 2. Aufl. (Paris, «Les Revues», Librairie matérialiste, 1929), S. 46.

22 «Montéhus vint chanter une fois à l'une de nos soirées russes.» N. Krupskaja, «Comment Lénine vivait à l'étranger» in: *Souvenirs sur Lénine* (Paris, Editions sociales, 1956), S. 188–189. Siehe auch: *Das ist Lenin*, a. a. O., S. 24.

23 Nadeschda Krupskaja, *Erinnerungen an Lenin*, a. a. O., S. 100.

24 «… pendant les travaux du congrès, le groupe de Lénine s'isole; on s'assemble le soir dans un café, où cette bande bruyante fait l'étonnement des habitués par son appétit d'ogre, ses rires et ses chants. Le Russe est musicien d'instinct; il éprouve le besoin d'exprimer ses sentiments d'une façon lyrique. Qu'un air vienne à s'élever, un motif, aussi léger, aussi lointain soit-il, et les discussions cessent, les visages changent d'expression, tout au plaisir de la musique. *On chante donc en chœur …*» Jean Jacoby, *Lénine* (Paris, Flammarion, 1937), S. 43–44. (Hervorhebung vom Autor.)

25 D(imitri) I. Uljanow, «Liebe zur Musik», in: *Lenin,* Über Kunst und Literatur (Moskau, Verlag Progress, 1977), S. 281.

26 ibd., S. 282.

27 Nadeschda Krupskaja, *Erinnerungen an Lenin*, a. a. O., S. 41. Kurz vor der zitierten Stelle erzählt sie von einem anderen fröhlichen Treffen in Sibirien (S. 36): «Die Kinder sangen mit, auch Wladimir Iljitsch, der in Sibirien sehr gern und viel sang, gesellte sich zu dem Chor.»

28 André Beucler und Grégoire Alexinsky, *Les amours secrètes de Léni-*

ne d'après les mémoires de Lise de K. (Paris, Baudiniere. 1937), S. 127.

29 Jean Fréville, *Lénine à Paris* (Paris, Editions sociales, 1968), S. 165.

30 «[Lénine] fréquentait de moins en moins la Bibliothèque nationale et préférait boire (…) des bocks en compagnie de Kamenev, Zinoviev et autres, ou, quand ils étaient parisiens, de Rykov et Chuliatikov, l'ivrogne de la bande. (…) Il aurait pu fréquenter les musées, les concerts et les milieux artistiques, mais il préférait les usines, *les cafés* et les faubourgs.» André Beucler und Grégoire Alexinsky, *Les amours secrètes de Lénine …*, a. a. O., S. 125–126. (Hervorhebung vom Autor.)

31 «Lénine au Rabelais, cette grande boîte de nuit dont le champagne est aussi mauvais que ses deux orchestres! Vabre m'aurait peut-être moins étonné en m'annonçant que l'archevêque de Paris serait à Tabarin et que le president de la République communierait à Lourdes, dimanche prochain. (…) Lénine, dans l'un de ces antres où les vieillards coiffés de bonnets de papier jettent des serpentins et des éructations de singes repus! Lénine, assourdi par les trompettes américaines, écœuré par les tangos argen tins, bousculé par les danseurs, sollicité par les filles!» Franz Toussaint, *Lénine inconnu* (Paris, les Editions universelles, 1952), S. 108–109.

32 «Oui et non. Mais plutôt oui. (…) Il a ouvert la voie à Voltaire. Rabelais et Voltaire, vos deux plus grands crus!» *ibd.*, S. 120–121.

33 «Nous sommes partis à cinq heures du matin. Le Géorgien n'avait pas voulu revenir, malgré les exhortations du maître d'hôtel. Vabre en a inféré qu'il y avait une histoire à cause des bouteilles.» *ibd.*, S. 127.

34 Jean Fréville, *Lénine à Paris*, a. a. O., S. 170.

35 Lenin, *Werke*, Bd. 37, a. a. O., S. 383.

36 «Lénine avait mis pour la circonstance un costume gris clair, admirablement détaché, et portait son melon de travers, à la manière de certains parisiens *que j'avais vus avec lui dans les cabarets du boulevard de Clichy et les cafés de la place de la République.*» André Beucler und Grégoire Alexinsky, *Les amours secrètes de Lénine …*, a. a. O., S. 152–153. (Hervorhebungen vom Autor.)

37 «Tout le monde s'amusait. On chantait. Lénine chantait de tout son cœur quand on entonna ‹Stienka Rasine› Il essaya de chanter le baryton, mais n'y réussit pas et continua comme il put, en agitant désespérément les bras. Vers quatre heures du matin, nous allâmes tous sur le boulevard désert, L'animation ne nous quittait pas. La femme de N. A. Semachko et Ilia Zafir (Moïsseïeff) commencèrent une danse russe. Mais des agent cyclistes demandèrent poliment de cesser le bruit.» Aline, *Lénine à Paris* (Souvenirs inédits), a. a. O., S. 47.

38 Nadeschda Krupskaja, *Erinnerungen an Lenin*, a. a. O., S. 367.

39 «Mais cet état normal ne durait qu'un temps, parfois très court. Il cédait la place à une ‹fougue›. Alors Lénine devenait psychiquement tout autre; ce nouvel état se caractérisait par l'absence de mesure, avec l'élément de frénésie que Kroupskaïa avait défini comme une ‹rage›. Cette alternance apparaît dans le cours de sa vie: en Sibérie, ayant acheté des patins, Lénine se met à patiner sur la rivière du matin au soir et, comme dit Kroupskaïa, ‹étonne les habitants par ses pas de géant et par ses sauts espagnols›.» Nicolas Valentinov, *Mes rencontres avec Lénine* (Paris, Plon, 1964), S. 213.

40 Nadeschda Krupskaja, *Erinnerungen an Lenin*, a. a. O., S. 43. Siehe auch das folgende Zeugnis von A. Zyrianov, «A Chouchenskoïe», in: *Lénine tel qu'il fut* – Souvenirs de contemporains, Bd. 1 (Moskau, Editions en Langues étrangères, 1958), S. 238: «Bewaffnet mit seinem kleinen Gewehr, schweifte er tagelang durch die Sümpfe; er brachte nicht viel Beute heim, aber er hatte grossen Spass an diesen Ausflügen.»

41 «5 février. – Un peintre me parle de Lénine, qu'il a connu au Quartier Latin, 1912. ‹Nous nous partagions nos poules. Lénine était très gai, très bon, et en amour, très cochon.›» Julien Green, *Journal 1928–1949* (Paris, Plon, 1961), S. 68.

42 «... die Bibliotheken sind viel besser als in Bern ...» Brief vom 12. März 1916 an seine Mutter Maria Alexandrowna Uljanowa, in: *Werke* Bd. 37, a. a. O., S. 463.

43 Nadeschda Krupskaja, *Erinnerungen an Lenin*, a. a. O., S. 357. Krupskaja verschweigt nicht, dass Lenin und sie in Bern «das Gefühl nicht loswerden [konnten], dass wir in diesem kleinbürgerlichen demokratischen Käfig gefangen sassen» (*ibd.*, S. 352), zumal nach dem Tod von Krupskajas Mutter im Herbst 1915 ihr «häusliches Leben noch mehr zu einem Bohèmeleben» wurde, worauf ihre Wirtin in Bern sie aufgefordert habe, «ein anderes Zimmer zu suchen». (*ibd.*, S. 343)

44 Valeriu Marcu, *Lenin* (Leipzig, Paul List Verlag, 1927), S. 178. Über diese Begegnung von Lenin mit Marcu siehe Robert Motherwell, *Dada Painters and Poets* (New York, Wittenborn & Schultz, 1951), S. XVIII.

45 Hugo Ball, «Cabaret Voltaire» (Zürich, 15. Mai 1916). Faksimile in: Hans Arp, Richard Huelsenbeck, Tristan Tzara, *Dada*, Die Geburt des Dada / Dichtung und Chronik der Gründer, a. a. O., Tafel 5 nach S. 32. Oder auch in: Hans Richter, *Dada – Kunst und Anti-Kunst*, a. a. O., S. 13. (Hervorhebung vom Autor)

46 Hugo Ball, *Die Flucht aus der Zeit*, a. a. O., S. 76.

47 Hugo Ball, «Cabaret Voltaire», a. a. O., Tafel 5 nach S. 32, resp. S. 13. (Hervorhebung vom Autor.)

48 Nadeschda Krupskaja, *Erinnerungen an Lenin*, a. a. O., S. 357. Im «Vorwort» (S. 7 f.) präzisiert sie: «Ich habe nur das niedergeschrieben, was mir besonders lebendig im Gedächtnis haften geblieben ist. Die Erinnerungen sind in zwei Abschnitten geschrieben worden. Der erste Teil, der die Periode von 1894 bis 1907 umfasst, ist in den ersten Jahren nach Lenins Tod [21. Januar 1924] verfasst worden. (...) Der zweite Teil ist einige Jahre später geschrieben worden», was uns auf eine Zeit um 1930 schliessen lässt. [Anm. d. Übers.: Gemäss der ersten deutschsprachigen Übersetzung der *Erinnerungen an Lenin* (Zürich, Ring-Verlag, 1933) hatte Lenin sogar erst *«Ende* Februar» in den Zürcher Bibliotheken zu arbeiten! (Bd. 2, S. 163.)]

49 Maurice Pianzola, *Lenin in der Schweiz* (Berlin, Dietz Verlag, 1956), S. 110.

50 Willi Gautschi, *Lenin als Emigrant in der Schweiz*, a. a. O., S. 178.

51 Lenin, *Werke*, Bd. 36, a. a. O., S. 355.

52 Nadeschda Krupskaja, *Erinnerungen an Lenin*, a. a. O., S. 357.

53 Maurice Pianzola, *Lenin in der Schweiz*, a.a.O., S. 110.

54 Nadeschda Krupskaja, *Erinnerungen an Lenin*, a.a.O., S. 358.

55 Lenin, *Briefe* Bd. IV, a.a.O., S. 178.

56 *ibd.*, S. 174.

57 *ibd.*, S. 175.

58 Quelle: Maurice Pianzola, *Lenin in der Schweiz*, a.a.O., S. 106. Diese Rede ist abgedruckt in: Werke Bd. 22, a.a.O., S. 122–125.

59 Quelle: *ibd.*, S. 112.

60 Lenin, *Briefe* Bd. IV, a.a.O., S. 180.

61 Lenin, *Werke* Bd. 37, a.a.O., S. 463.

62 Siehe Nadeschda Krupskaja, *Erinnerungen an Lenin*, a.a.O., S. 327.

63 «He was interested in Bakunin and he went to an anarchist group in Zurich – I went there too, though I usually nearly went to sleep as it was very boring – Ball was very much interested in it.» Richard Huelsenbeck, «Dada, or the Meaning of Chaos», *Art. zit.*, S. 28. Belegt ist vor allem die enge Verbindung zwischen Ball und dem anarchistischen Zürcher Arbeiterarzt Fritz Brupbacher (vgl.: Karl Lang, *Kritiker, Ketzer, Kämpfer. Das Leben des Arbeiterarztes Fritz Brupbacher* [Limmat Verlag, Zürich, 1975], S. 227 und 249). «Verbindend war der gelebte Linkssozialismus», bestätigt der Kunsthistoriker Raimund Mayer («Dada vor Dada», in: *Dada in Zürich*, Hrsg. Hans Bolliger et al., Sammlungsheft 11 [Kunsthaus Zürich und Arche Verlag AG, Raabe + Vitali, Zürich, 1985], S. 14), nicht ohne zu zitieren, was Ball wenige Wochen vor seiner Emigration in die Schweiz geschrieben hat: «Ich lebe ganz ausschliesslich in sozialistischer Natur. Ich denke an Dinge, die an Radikalität vieles übertreffen, was man bis jetzt vorgebracht hat.» (*Briefe* [1911–1927], a.a.O., S. 38.)

64 Hans Richter *dixit* in: *Dada – Kunst und Anti-Kunst*, a.a.O., S. 12.

65 Hugo Ball, *Die Flucht aus der Zeit*, a.a.O., S. 71. Vgl. auch: Hans Arp, Richard Huelsenbeck, Tristan Tzara, *Dada*, Die Geburt des Dada / Dichtung und Chronik der Gründer, a.a.O., S. 109.

66 Siehe Hans Richter, *Dada – Kunst und Anti-Kunst*, a.a.O., S. 25–26.

67 Siehe John Elderfields Einleitung zur englischsprachigen Übersetzung von Balls Tagebuch: *Flight out of Time* (New York, The Viking Press, 1974), S. xx.

68 «… in Zurich, where ironically the police took an interest in our carrying-on while leaving completely undisturbed a politician who was preparing a great revolution. I am referring to Lenin, who was our neighbor at the Cabaret Voltaire», antwortet etwa Huelsenbeck auf eine entsprechende Frage während eines Gespräches über Dada im Goethe-Institut von New York, 1970. Zit. nach: Hans]. Kleinschmidt, Einleitung zu *Memoirs of a Dada Drummer*, a.a.O., S. XIV.

69 Marcel Janco, «Schöpferischer Dada», a.a.O., S. 31. Bereits 1920 schrieb Tzara zu Beginn seiner «Chronique zurichoise»: «1916 – février. Dans la plus obscure rue sous l'ombre des côtes architecturales, *où l'on trouve des détectifs* [sic] *discrets parmi les lanternes rouges –* NAISSANCE – naissance du CABARET VOLTAIRE – (...)», in: *Dada Almanach*, a.a.O., S. 10. (Hervorhebung vom Autor) [«Februar 1916. In der dunkelsten Strasse, im Schatten von Torbögen, wo sich diskrete Detektive zwischen roten Laternen aufhalten – GEBURT – Geburt des CABARET VOLTAIRE (...).»]

70 Valeriu Marcu, *Lenin*, a.a.O., S. 177–178. Vgl. auch Georges Hugnet; «Schutz suchten in Zürich Flüchtlinge verschiedener Art – verfolgte Revolutionäre, Deserteure, Kriegsdienstverweigerer aus Gewissensgründen –, die sich unter Geheimdienst- und Doppelagenten mischten, unter gewinnsüchtige Unterhändler ebenso wie unter ewig verfolgte arme Teufel und unersättliche (Kriegs-)Gewinnler.» In: *L'aventure Dada*, a.a.O., bei Seghers S. 24.

71 Marcu Valeriu, *Lenin*, a.a.O., S. 178.

72 Nadeschda Krupskaja, *Erinnerungen an Lenin*, a.a.O., S. 361–362.

73 J. [Ivan V.] Pouzyna, *Lénine «le Grand»* – l'homme, sa doctrine, son action (Paris, Nouvelles Editions latines, 1950), S. 27, 28 und 31.

74 Siehe die «Chronologie des Lebens» von Lenin im Jahr 1917 am Ende des 25. Bandes seiner *Werke*, a.a.O., S. 541–547. Für die Fotografie siehe z. B. *Wladimir Iljitsch Lenin. Eine Sammlung von Fotos und Filmaufnahmen.* (Moskau, Verlag Planeta, 1983), S. 33.

75 Nadeschda Krupskaja, *Erinnerungen an Lenin*, a.a.O., S. 376.

76 Nadeschda Krupskaja, «Über Wladimir Iljitsch», in: *Das ist Lenin*, a.a.O., S. 28.

77 Tatsächlich öffnete sich zu diesem Zeitpunkt die Redaktion gegenüber jemandem, der eine Ahnung vom wahren Lenin hatte: Tristan Tzara!

78 Nadeschda Krupskaja, *Erinnerungen an Lenin*, a.a.O., S. 375.

79 «Un mot fut né, on ne sait pas comment DADA DADA ...», in: *Dada Almanach*, a.a.O., S. 13. Wir fragen uns, wo Hans Richter erfahren hat, Tzara habe diese Version «am 18.4.1916» gegeben (siehe: *Dada – Kunst und Anti-Kunst*, a.a.O., S. 30). Viel eher können wir feststellen, der Satz figuriere in Tzaras Chronik unter Juni 1916.

80 Der von der «Nouvelle Revue Française» abgelehnte Brief wurde von André Breton in *Littérature* veröffentlicht (Paris, Dezember 1919, S. 2–4). Tzara hat ihn teilweise in die von ihm 1951 redigierte Sammlung *Lampisteries* aufgenommen, die 1963 publiziert wurde (siehe folgende Anmerkung). Der zitierte Satz ist Teil einer nicht in diese Sammlung aufgenommenen Passage, er wird aber von Henri Béhar als Anmerkung wiedergegeben in seiner Edition der *Gesammelten Werke* von Tristan Tzara, Bd. 1 [1912–1924], Paris, Flammarion, 1975, S. 710.

81 «J'ai tenté d'introduire un mot dépourvu de signification: -Dada-.» In: «Faillite de l'humour, réponse à une enquête», erschienen in: *Aventure* (Paris, November 1921). Zit. nach: *Œuvres complètes* Bd. 1, a. a. O., S. 412. (Hervorhebung vom Autor.)

82 «Il n'y a rien d'anormal à ce que j'aie choisi Dada comme nom de ma revue. En Suisse j'étais en compagnie d'amis et je feuilletais le dictionnaire à la recherche d'un mot approprié aux sonorités de toutes les langues. La nuit nous enveloppait quand une main verte plaça sa laideur sur la page du Larousse – désignant précisément Dada –, mon choix etait lait.» Tristan Tzara, «Autorisation», in: Œuvres complètes Bd. 1, a. a. O., S. 572. Henri Béhar präzisiert in einer Anmerkung, dass dieser Text in englischer Sprache unter dem Titel «Authorization» in *New York Dada* veröffentlicht wurde (April 1921, S. 3). «Weil das Original verschollen ist», fügt er hinzu, «übersetzen wir ins Französische zurück.»

83 DADA AUGRANDAIR, *Der Sängerkrieg in Tirol*, achte und letzte Nummer der Zeitschrift *Dada*, Tarrenz-bei Imst, 1921. Faksimile in: *Dada Zurich Paris 1916–1922* (Paris, Jean-Michel Place, 1981), S. 222. Abgedruckt findet sich Arps Erklärung auch bei Georges Hugnet, *Dictionnaire du Dadaisme 1916–1922* (Paris, Jean-Claude Simoën, 1976), S. 84. Zit. nach: William S. Rubin, *Dada und Surrealismus* (Stuttgart, Verlag Gerd Hatje, 1972), S. 63.

84 «Tristan Tzara gave a name to this delicious malaise: DADA.» «Dada», in: *Fantastic Art, Dada, Surrealism*, Hrsg. Alfred H. Barr, Jr. (New York, The Museum of Modern Art, 1937). Zit. nach: 3. Aufl. 1947, S. 51.

85 «Tristan Tzara et l'humanisme poétique», *Labyrinthe* (Paris, 15. November 1945), S. 1–2.

86 *Déjà jadis* ou Du mouvement Dada à l'espace abstrait (Paris, Julliard, 1958), S. 12 [2. Aufl.: U. G. E. 10/18, Nr. 795, 1973, gleiche Seite].

87 *Déjà jadis*, a. a. O., S. 12. Aber Ribemont hält diese Kehrtwendung für eine «Kinderei».

88 «Arp told me, in the early spring of 1949, that of course his account of Tzara finding the word was a dada joke, that he would have supposed it sufficiently evident from its fantastic tone», Robert Motherwell, *The Dada Painters and Poets: An Anthology* (New York, Wittenborn, Schultz, Reihe: «The Documents of Modern Art», 1951), Vorwort, S. XXXI.

89 «Je suis persuadé que ce mot n'a aucune importance, et qu'il n'y a que des imbéciles et des professeurs espagnols qui puissent s'intéresser aux dates.» DADA AUGRANDAIR, a. a. O.; bei Georges Hugnet, *Dictionnaire du Dadaisme 1916–1922*, a. a. O., S. 84.

90 Erschienen im Juni 1916. Siehe oben, Kap. I.

91 Hugo Ball, *Die Flucht aus der Zeit*, a. a. O., S. 88.

92 William S. Rubin, *Dada und Surrealismus*, a. a. O., S. 64.

93 Zitiert von William S. Rubin, ohne nähere Quellenangabe, a. a. O., S. 64.

94 Richard Huelsenbeck, *En avant Dada: Die Geschichte des Dadaismus* (Hannover, Leipzig, Ed. Paul Steegemann, coll. «Die Silbergäule», 1920; faksimilierte Neuauflage: Hamburg, Ed. Nautilus, 1976), S. 12.

95 Richard Huelsenbeck, «Dada lives» in: *Transition* Nr. 25 (New York, Herbst 1936), S. 78. Zit. nach: William S. Rubin, *Dada und Surrealismus*, a. a. O., S. 64.

96 «... A name for our idea, (...) a slogan which might epitomize for a larger public the complex of our direction», *Transition* Nr. 25, a. a. O., S. 78.

97 Hugo Ball, *Briefe 1911–1927*, (Einsiedeln, Zürich, Köln, Benziger Verlag, 1957), S. 277–278.

98 Siehe oben, Kap. I, Fussnote S. 11.

99 «Hülsenbeck (sic!) teilt mit: Das Wort ‹Dada› wurde von Hugo Ball und mir am 16. oder 17. Februar (1916) in Emmys Wohnung in einem deutsch-französischen Diktionär gefunden ...», Personenregister, in: Hugo Ball, *Briefe 1911–1927*, a. a. O., S. 310.

100 und **101** Siehe oben, Kap. I, Fussnote S. 11.

102 Hans Richter, *Dada – Kunst und Anti-Kunst*, a. a. O., S. 30.

103 Um diese Szene rekonstruieren zu können, beziehen wir uns zum Teil wörtlich auf Hans Arp («Dadaland», in: Hans Arp, Richard Huelsenbeck, Tristan Tzara, *Dada*, Die Geschichte des Dadaismus / Dichtung und Chronik der Gründer, a. a. O., S. 107), auf Marcel Janco («Schöpferischer Dada», in: Willy Verkauf, *Dada – Monographie einer Bewegung*, a. a. O., S. 27–31) und auf William S. Rubin (*Dada und Surrealismus*, a. a. O., S. 63).

104 Ohne Quellenangabe zitiert von Willy Verkauf in: *Dada – Monographie einer Bewegung*, a. a. O., S. 13.

105 Siehe *Œuvres complètes* von Tristan Tzara, Bd. 1, a. a. O., S. 227–228 und Anmerkungen auf S. 680.

106 Die Sammlung wurde am 15. November 1922 gedruckt, gelangte aber, neu aufgelegt von den Editions Kra, erst 1929 in den Verkauf (siehe *Œuvres complètes* von Tzara, Bd. 1, a. a. O., Anmerkungen S. 671).

107 Diese beiden Briefe Lenins finden sich als Faksimile in: *Correspondance entre Lénine et Camille Huysmans* (1905–1914), zusammengestellt und kommentiert von Georges Haupt, mit einem Vorwort von Camille Huysmans (Paris–La Hay, Mouton, 1963). Als Tafel zwischen den S. 24 und 25 resp. zwischen den S. 120 und 121.

108 Der Text ist als Faksimile in der französischsprachigen Ausgabe von Maurice Pianzolas *Lénine en Suisse* (Haute-Savoie, Textes Suisse, La Librairie Nouvelle, 1952, S. 157) abgedruckt worden (in der deutschsprachigen Ausgabe fehlt dieses Faksimile). «Sofort nach dem Parteitag vom 4. und 5. November 1916 macht sich Lenin an die Arbeit, den Vertretern der Linken bei der Vorbereitung auf den nächsten, ausserordentlichen Parteitag zu helfen», kommentiert Pianzola. «Er legt seine Gedanken in einem Programmentwurf dar unter dem Titel ‹Die Aufgaben der linken Zimmerwalder in der Sozialdemokratischen Partei der Schweiz›. Er bringt die Arbeit selbst in französischer Sprache zu Papier, bittet Inessa Armand, sie durchzusehen, und schickt sie dann, mit eigener Hand sorgfältig abgeschrieben, an einige Genossen. Veröffentlicht wurde dieses Memorandum zum ersten Male 1918, und zwar in französischer Sprache in Form einer Flugschrift, die von der Gruppe ‹Nouvelle Internationale› (Neue Internationale) in Genf vorbereitet wurde.» In: Maurice Pianzola, *Lenin in der Schweiz*, a. a. O., S. 126–127. Der Text findet sich auch in: *Werke* Bd. 23, a. a. O., S. 135 ff.

109 Zit. nach: *Dada Almanach*, a. a. O., S. 43.

110 Georges Hugnet, *L'aventure Dada* (1916–1922), a. a. O., S. 47 (Ed. Seghers, S. 54).

111 «Une fenêtre sur l'avenir», zweite Anmerkung zum Vortrag der Veranstaltung «Le surréalisme et l'après-guerre», gehalten an der Sorbonne am 17. März 1947. In: *Œuvres complètes* von Tristan Tzara, Bd. 5, a. a. O., S. 85–86.

112 In «Le rire de Dada» kommt Hanne Bergius auf eine der beiden Tendenzen der «Lach-Arbeit» bei Dada zu sprechen, nämlich auf jene, wo der Grund für das Lachen im Objekt «Gesellschaft» selbst liegt, die in der anachronistischen Bourgeoisie und ihren Verhaltensweisen konzentriert ist. Die deutsche Kunsthistorikerin fährt fort: «Die Dadaisten gaben dem Kleinbürger die Gelegenheit, sich in einer Art und Weise den Blicken auszusetzen, dass er sich selber entblösste. Der Bourgeois wurde ‹Possenreisser einer Weltordnung, deren wahre Helden tot waren›

(Marx). Insofern schloss sich der Dadaismus der kommunistischen Kritik an der Bourgeoisie an.» In: *Les Cahiers du Musée national d'art moderne,* N r. 19–20, (Paris, Centre Pompidou, Juni 1987), S. 89.

113 In: *Les avant-gardes littéraires au XXe siècle,* Brüssel, Centre d'étude des avant-gardes littéraires de l'université de Bruxelles, sous la direction de Jean Weisgerber (Budapest, Akadémiai Kiadó, 1984), Bd. 1, S. 496. (Hervorhebung vom Autor.)

114 In: *Les Lettres françaises,* Paris, 16. September 1948. Zit. nach: René Lacôte und Georges Haldas, *Tristan Tzara* (Paris, Seghers 1952), S. 62.

115 «Pierre Rererdy, ‹Le voleur de tala›» in *Dada* 2 (Zürich, Dezember 1917). Zit. nach: *Œuvres complètes,* Bd. 1, a. a. O., S. 399. (Hervorhebung vom Autor.)

116 «Dada manifeste sur l'amour faible et l'amour amer», *La Vie des Lettres,* Nr. 4 (Paris, 1921). Zit. nach: Tristan Tzara, «Manifest über die schwache Liebe und die bittere Liebe», in: *Sieben Dada Manifeste* (Hamburg, Edition Nautilus, 1984), S. 47.

117 Der Ausdruck stammt von Micheline Tison-Braun, in: *Tristan Trara, inventeur de l'homme nouveau* (Paris, Nizet, 1977), S. 45.

118 «Essai sur la situation de la poésie», *Le Surréalisme au service de la Révolution* Nr. 4 (Paris, Dezem-

ber 1931). Zit. nach: *Œuvres complètes,* Bd. 5 [1924–1963] (Paris, Flammarion, 1982), S. 27–28.

119 *Œuvres complètes,* Bd. 5, a. a. O., S. 28.

120 *Tristan Tzara, inventeur de l'homme nouveau,* a. a. O., S. 48.

121 «au fond tout au fond qu'il dissimule il voit il voit un autre œil caché à intérieur», *L'homme approximatif* (1925–1930), (1. Aufl.: Paris, Fourcade, 1931). Zit. nach: Neuauflage (Paris, Gallimard, coll. «Poésie», 1968), S. 49.

122 «… qui parle je suis seule / je ne suis qu'un petit bruit *j'ai plusieurs bruits en moi*», *ibd.,* S. 22. (Hervorhebung vom Autor)

123 «Je suivais dans la nuit un de ces misérables passagers de la nuit, véritable émigrant anonyme …», *Grains et issues* (Paris, Denoël et Steele, 1935 [mit einer Radierung von Dalí in den 15 ersten Exemplaren]), S. 55. Siehe auch: Tristan Tzara, *Œuvres complètes,* Bd. 3 [1934–1946] (Paris, Flammarion, 1979), S. 31.

124 «L'homme mène en laisse un autre homme ou se promène a côté de lui, la main dans sa main et pourtant l'un est enfermé dans l'autre …», ibd., S. 57. Siehe auch: *Œuvres complètes,* Bd.3, a. a. O., S. 32. Über die Dualität *von* Tzara und *bei* Tzara siehe Micheline Tison-Braun, a. a. O., S. 57, 63–64, 71–72 oder S. 83.

125 «… l'attitude anti-individualiste et la volonté concentrée de supprimer l'élément subjectif (…) mena à une hypertrophie de l'action collective, comme en témoignent, entre autres, la mise en pratique méthodique du ‹poème simultan[é]›, et le travail poétique en équipe», *Les avant-gardes littéraires au XXᵉ siècle*, Bd. 1, a. a. O., S. 357.

126 «… celle de la structuration et institutionnalisation, sous l'impulsion de Tzara, à partir de juillet 1916, et de la fixation d'un programme d'opposition au monde extérieur, *dont l'objectif paraissait être moins esthétique ou stylistique qu'idéologique*», *ibd.*, S. 348.

127 Siehe oben, S. 39–41.

128 Es handelt sich um einen kleinen Auszug von Krupskaja, der auf S. 17 der zweiten Nummer von *Surréalisme au service de la Révolution* zitiert wird. Siehe oben, S. 46, sowie Anm. 46 in Kap. IV.

129 Dies ist der Bildtitel, wie er im Centre Pompidou in unmittelbarer Nähe des Gemäldes angegeben wird. Aber auf Postkarten (Verlag Fernand Hazan), die in ebendiesem Kulturzentrum verkauft werden, wird das Bild auch *«Six apparitions de Lénine sur un piano»* genannt, von Pierre Ajame (*La double vie de Salvador Dalí*, Paris, Ramsey, 1984, S. 109) auch ganz kurz *«Hallucination partielle»*, von Luis Romero (*Tout Dalí en un visage*, Paris, le Chêne, 1975, S. 143) *«Evocation de*

Lénine» und von verschiedenen angelsächsischen Autoren, worunter Dawn Ades *(Dalí and Surrealism,* New York, Harper &Row, 1982, S. 122), *«Composition: invocation de Lénine».*

130 Siehe oben, Anm. 15.

131 «il est tard / on trouve dans tous les coins des coups déréglés de tambour / si je pouvais chanter seulement / toujours le même toujours quelque part / cette lumière éblouissante *les fourmis la transparence / surgissant de la main coupable*», Das Gedicht «Cirque» datiert von 1917 und wurde in: *Litterature,* Nr. 5 (Paris, Juli 1919), veröffentlicht (S. 10–13). Später fand es Aufnahme am Anfang der Sammlung *De nos oiseaux* (siehe oben, Kap. VI, Anm. 3). Zit. nach: *Œuvres complètes*, Bd. 1, a. a. O., S., 84. (Hervorhebungen vom Autor)

132 In: *Œuvres complètes*, Bd. 1, a. a. O., S. 180.

133 Dieses 1921 verfasste Stück wurde noch im selben Jahr, am 10. Juni, ein erstes Mal im Studio der Champs-Elysées (Galerie Montaigne) aufgeführt, dann auch am berühmten Abend von «Cœur à Barbe» im Theater Michel am 6. Juli 1923. In französischer Sprache wurde es 1922 in der Märzausgabe der Berliner Zeitschrift *Der Sturm* veröffentlicht (als faksimilierte Neuauflage bei Kraus Reprint, Nendeln / Liechtenstein, 1970, Bd. 13, S. 33–42), dann 1946 beim Pariser Verleger Guy Lévis-Mano und schliesslich in Tzaras *Œuvres complètes*, Bd. 1, a.a.O., S. 1–179. Das Kalligramm der zwei Kirschen findet sich genau in der Mitte von Akt III.

134 Hans Richter, *Dada – Kunst und Anti-Kunst*, a.a.O., S. 12, 24 und 25. Siehe Abb. 14.

135 «Dadaland», in: Hans Arp, Richard Huelsenbeck, Tristan Tzara, *Dada – Die Geburt des Dada / Dichtung und Chronik der Gründer*, a.a.O., S. 107.

136 «Janco dessinait, pour ses représentations, des costumes en papier, en carton, en chiffons, de toutes les couleurs, fixés avec des épingles, tout de spontanéité», Georges Hugnet, *L'aventure Dada*, a.a.O., S. 21, bei Seghers S. 22.

137 Zit. nach: Hans Richter, *Dada – Kunst und Anti-Kunst*, a.a.O., S. 41. Siehe auch in: Hugo Ball, *Flucht aus der Zeit*, a.a.O., S. 98–99.

138 «Tzara inventait des poèmes chimiques et statiques. Le poème statique se composait de chaises», George Hugnet, *L'aventure Dada*, a.a.O., S. 21, bei Seghers S. 22.

139 «... la communication iconique transporte *toutes les abstractions et toutes les histoires*, les théorèmes et les récits. (...) A l'inverse de la musique, je puis donc en parler indéfiniment (...). Les pages, patiemment, se décollent de l'icône. Et les volumes du volume. Puits sans fond d'où je tire l'eau, seau par seau, sans épuisement espéré. La critique est fille de Danaos», Michel Serres, *Esthétiques sur Carpaccio* (Paris, Hermann, coll. «Savoir», 1975), S. 142.

140 Marzio Marzaduri (Hrsg.), *Dada russo – l'avanguardia fuori della Rivoluzione* (Bologna, Edizioni del cavaliere azzurro, 1984).

141 Siehe Marzio Marzaduri, *Dada russo*, a.a.O., S. 36.

142 «Dekret o ničevokach poezii», in: *Ničevoki – Sobačji jaščik*, (Moskau, 1923), S. 8. Zit. nach: Marzio Marzaduri, a.a.O., S. 37.

143 «Rok» war das Pseudonym von Gering und «Man» jenes von Suzanne Tschalschussian (siehe Marzaduri, *ibd.*).

144 «Vvedenie», in: *Ničevoki ...*, a.a.O., S. 5. Zit. nach: Marzio Marzaduri, ibd.

145 «Predislovie k vtoromu izdanij», in: *Ničevoki ...*, a.a.O., S. 3. Zit. nach: Marzio Marzaduri, *ibd.*

146 Siehe Marzio Marzaduri, *Dada russo*, a.a.O., S. 38.

147 Richard Huelsenbeck, «Erste Dadarede in Deutschland», in: *Dada Almanach*, a.a.O., S. 108.

148 Siehe oben, Zum Geleit, Anm. 2.

149 Siehe oben, Kap. I, Anm. 10.

150 Richard Huelsenbeck, «Einleitung», in: *Dada Almanach*, a.a.O., S. 4. (Hervorhebungen vom Autor.)

151 Hugo Ball, *Die Flucht aus der Zeit,* a. a. O., S. 92.

152 *ibd.*

153 Tristan Tzara, «Manifest über die schwache Liebe und über die bittere Liebe», in: *Sieben Dada Manifeste,* a. a. O., S. 46.

154 Tristan Tzara, «Dada Manifest 1918», in: *Sieben Dada Manifeste,* a. a. O., S. 20.

155 «Nous qui aimons la contradiction», Ribemont-Dessaignes, *Dada – Manifestes, poèmes, articles, projets (1915–1930),* hrsg. von Jean-Pierre Begot (Paris, Projectoires / Champ libre, 1974), S. 36.

156 Tristan Tzara, «Dada Manifest 1918», in: *Sieben Dada Manifeste,* a. a. O., S. 28.

157 «‹De deux choses l'une› est le portrait de l'imbécillité courante», Ribemont-Dessaignes, *Dada – Manifestes ...,* a. a. O., S. 36.

158 Tristan Tzara, «Manifest über die schwache Liebe und über die bittere Liebe», in: *Sieben Dada Manifeste,* a. a. O., S. 53. Hervorhebung vom Autor.

159 Tristan Tzara, «Tristan Tzara», in: *Sieben Dada Manifeste,* a. a. O., S. 34.

160 Jacques Baynac, *La terreur sous Lénine (1917–1924)* (Paris, Le Sagittaire, 1975), S. 45.

161 ibd.

162 Siehe Gustave Welter, *Histoire de Russie* (Paris, Payot, 1963), S. 357. Die Anarchistin Emma Goldman kommentiert dieses Abkommen in einem Buch, das sie kurz nach einem 2-jährigen Aufenthalt in der Sowjetunion niedergeschrieben hat, wie folgt: «Es war die völlige Verleugnung all dessen, was die Bolschewiki bisher der Welt verkündet hatten: Keine Kriegsentschädigung, Selbstbestimmungsrecht aller unterdrückten Völker, Beseitigung aller geheimer Diplomatie» in: *Die Ursachen des Niedergangs der russischen Revolution* (Berlin, Der Syndikalist, 1922). Zit. nach: Emma Goldman, *Niedergang der russischen Revolution* (Berlin-Neukölln, Karin Kramer Verlag, 1987), S. 26.

163 Gustave Welter, *Histoire de Russie,* a. a. O., S. 355. Emma Goldman trifft den Punkt, wenn sie schreibt (a. a. O., S. 25): «Jedes neue Experiment wird von Lenin und seinen Zeloten als der Gipfel wissenschaftlicher und revolutionärer Weisheit gepriesen. (…) Aber es dauert nicht lange, bis Lenin (…) die Herde seiner blinden Nachfolger als Narren verspottet, weil sie überhaupt an die Möglichkeit des letzten Experimentes geglaubt hatten.»

164 «An die Bevölkerung», Lenin, *Werke* Bd. 26, a. a. O., S. 294.

165 Alfred G. Meyer, *Lénine et le léninisme* (Paris, Payot, Bibliothèque historique, 1966), S. 167.

166 «… à peine quelques mois s'étaient-ils écoulés que la souveraineté populaire qui avait porté les bolcheviks au pouvoir avait déjà disparu», *ibd.*, S. 173.

167 Louis Fischer, *Lenin*, a. a. O., S. 530. «Nachdem er selbst Russland und die ganze Welt vier Jahre lang getäuscht hatte, indem er jedermann den Glauben beibrachte, dass in Russland der Kommunismus im Aufbau begriffen sei, bedeckte Lenin auf dem letzten Kongress der allrussischen Sowjets seine eigenen Genossen mit Hohn und Spott, weil sie naiv genug waren zu glauben, dass der Kommunismus heute in Russland verwirklicht werden könnte», schreibt Emma Goldman bereits 1922 (a. a. O., S. 25).

168 Alfred Rosmer, *Moscou sous Lénine*, Bd. 1: 1920 (Paris, Pierre Horay, 1953). Zit. nach: Alfred Rosmer, *Moskau zu Lenins Zeiten* (Frankfurt am Main, isp-Verlag, 1989), S. 61.

169 600 Rebellen wurden getötet, mehr als 1080 verletzt und 2500 gefangen genommen (Zahlenangaben von der Londoner *Times* vom 31. März 1921, zit. nach: Henri Arvon, *La révolte de Cronstadt* [Paris, éd. Complexe, 1980], S. 88).

170 Gustave Welter, *Histoire de Russie*, a. a. O., S. 371.

171 *ibd.*

172 Nicolas de Basily, *la Russie sous les soviets – Vingt ans d'expérience bolchevique* (Paris, Plon, 1938), S. 183.

173 Michel Giroud, «Raoul Hausmann sort de l'ombre», *Luna-Park* 7, a. a. O., S. 77–78.

174 Michel Giroud, «Raoul Hausmann sort de l'ombre», a. a. O., S. 78.

175 Michel Giroud, *ibd.*

176 «Vortrag auf dem Dadakongress», gehalten am 23. und 25. September 1922 in Weimar und Jena, erstmals publiziert in: *Merz* Nr. 7 (Hannover, Januar 1924). Zit. nach: Tristan Tzara, *Sieben Dada Manifeste*, a. a. O., S. 11.

177 Jacques Bersani, «Dada ou la joie de vivre», *Critique* Nr. 225 (Paris, Februar 1966), S. 103.

178 Tristan Tzara, «Dada Manifest 1918», a. a. O., S. 18. Siehe auch weiter oben, Fussnote, S. 105.

179 «Qu'est-ce que c'est beau? Qu'est-ce que c'est laid? Qu'est-ce que c'est grand, fort, faible? Qu'est-ce que c'est Carpentier, Renan, Foch? Connais-pas. Qu'est-ce que c'est moi? Connais pas. / Connais pas, connais pas, connais pas.» «Artichauts» (sic), erschienen in: *Dadaphone*, (Dada Nr. 7, März 1920). In: Ribemont-Dessaignes, *Dada – Manifestes …*, a. a. O., S. 19.

180 Tristan Tzara, «Dada Manifest 1918», a. a. O., S. 24.

181 Walter Serner, *Letzte Lockerung manifest dada* (Hannover, Paul Steegemann Verlag, 1920). Zit. nach Faksimile in: Hans Bolliger, Guido Magnaguagno, Raimund Meyer,

Dada in Zürich, Sammlungsheft 11 (Zürich, Kunsthaus Zürich und Arche Verlag AG, Raabe + Vitali, 1985), S. 200–201.

182 Siehe oben, Zum Geleit, Anm. 3.

183 «Schon wieder einmal bitte ich Sie um Ihre Hilfe im Kampf gegen den Futurismus (...). Kann man keine zuverlässigen Antifuturisten finden?», telegrafiert er am 6. Mai 1921 dem Genossen Pokrowski (*Briefe* Bd. IV, a. a. O., S. 181). «Und Lunatscharski verdient Prügel wegen Futurismus», schimpft er gleichentags in einem Telegramm an ebendiesen Lunatscharski *(ibd.)*.

184 Tristan Tzara, «Manifest über die schwache Liebe und die bittere Liebe», *Sieben Dada Manifeste*, a. a. O., S. 46. Siehe weiter oben, S. 108.

185 Jean-Michel Palmier, *Lénine, l'art et la révolution* (Paris, Payot, Bibliothèque historique, 1975), S. 481.

186 Lenin, *Briefe* Bd. VII, a. a. O., S. 180–181. Am selben Tag telegrafiert Lenin in derselben Angelegenheit und ebenso aufgebracht an Pokrowski (ibd.).

187 Marcel Duchamp. Zit. nach: Hanne Bergius, «Dadas Lachen hat Zukunft», *Das Lachen DADAs,* Die Berliner Dadaisten und ihre Aktionen (Giessen, Anabas-Verlag Günter Kämpf KG, 1989), S. 11, die ihrerseits Arturo Schwarz (*Marcel Duchamp* [Luzern / Freudenstadt / Wien], S. 21) zitiert.

188 Siehe oben, Kap. III, S. 29.

189 Nadeschda Krupskaja, «Was Iljitsch aus der schönen Literatur gefiel» in: *Das ist Lenin,* a. a. O., S. 112–118.

190 G. Krjijanovski, «Nouveaux plans», in: *Lénine tel qu'il fut,* hrsg. von J. Stalin, V. Molotov, K. Vorochilov, etc, (Paris, Bureau d'éditions, 1934), S. 51.

191 «Parteiorganisation und Parteiliteratur», erschienen am 26. November 1905 in: *Nowaja Shisn* [Neues Leben, erste legale bolschewistische Tageszeitung, Petersburg, Oktober bis Dezember 1905]. In: *Werke* Bd. 10, a. a. O., S. 30.

192 «C'est à peine s'il avait pu terminer *La mère* de son ami Gorki.» André Beucler und Grégoire Alexinski, *Les amours secrètes de Lénine …,* a. a. O., S. 132.

193 Louis Fischer, *Lenin,* a. a. O., S. 602.

194 «... il riait de plus belle, me trouvant sans doute trop bourgeoise encore pour comprendre que les arts et les lettres, la musique, l'élégance, l'architecture, le raffinement, la mode et la politesse étaient des détritus, des touffes de mauvaises herbes (...) qu'allait balayer le grand orage révolutionnaire.» André Beucler und Grégoire Alexinsky, *Les amours secrètes de Lénine …,* a. a. O., S. 132.

195 Eintrag vom 12. Juni 1916 im Tagebuch von Hugo Ball, *Die Flucht aus der Zeit*, a. a. O., S. 91.

196 N. Mechtscherjakow, «Souvenirs sur Lénine» (Auszüge) in: *Lénine tel qu'il fut* – Souvenirs de contemporains, Bd. 1 (Moskau, Editions en Langues étrangères, 1958), S. 302.

197 André Beucler und Grégoire Alexinsky, *Les amours secrètes de Lénine* ..., a. a. O., S. 126.

198 Beginnen wir bei seinem Bruder Dmitri, der schreibt: «Die Liebe zur Musik bewahrte er sich ein Leben lang.» («Liebe zur Musik» in: *Wolodja, unser Bruder und Genosse*, a. a. O., S. 192) In eine eher gegenläufige Richtung weist jedoch eine andere Beobachtung Dmitri Uljanows: «Nach der Aufnahme ins Gymnasium gab er [Lenin] jedoch schon in einer der unteren Klassen das Klavierspiel ganz auf. Warum? Jedenfalls lag der Grund nicht in den Schulaufgaben» (a. a. O., S. 191). Seine Schwester Maria Uljanowa lässt uns wissen, dass er die Musik «schlecht ertrug», denn «sie zerrte zu stark an seinen Nerven ...» (zit. nach: Jean Fréville, *Lénine à Paris*, a. a. O., S. 165).

199 «J'ai lu récemment dans un recueil d'articles dithyrambiques, publiés sous forme d'hommage à Lénine, une page de souvenirs de Gorki où celui-ci prétend – et il n'est pas le seul, d'ailleurs, de nombreux biographes l'ont cru – que Vladimir Ilyitch adorait la musique,

et particulièrement *l'Appassionata* de Beethoven. Gorki ne doit sans doute relater qu'une impression étrangère ou rapporter quelque propos irréfléchi de son camarade, car *Lénine ne supportait pas la musique*. Que de fois il m'a avoué n'y rien entendre. Je lui jouais des valses de Chopin, des études de Beethoven, des nocturnes, des marches, des préludes, sans jamais l'émouvoir. Tout y passait, Wagner, Debussy, Brahms, Liszt, Bach, Tchaikowski, jusqu'à Massenet. Il n'avait pas honte de me dire, à moi, qu'il n'admirait que Montéhus, et il se mettait à siffler des airs stupides.» André Beucler und Grégoire Alexinsky, *Les amours secrètes de Lénine* ..., a. a. O., S. 134. (Hervorhebungen vom Autor)

200 Der Brief von Krupskaja an Maria Alexandrowna Uljanowa ist datiert vom 26. Dezember 1913 und wurde von Lenin mitunterzeichnet (*Werke* Bd. 37, a. a. O.), S. 422.

201 ibd.

202 Wie er etwa in einem Brief an seine Mutter vom 29. August 1895 zugibt: «Überhaupt gefällt mir ein Bummel auf verschiedenen Volksfesten und Volksbelustigungen mehr als der Besuch von Museen, Theatern (...) u. dgl. m.» (*Werke* Bd. 37, a. a. O., S. 15.) Siehe auch Nina Gourfinkel, *Lénine* (Paris, Seuil, 1976, S. 152): «Theater-Aufführungen langweilten ihn, und oft verliess er den Saal nach dem ersten Akt.» Seine Schwester Maria Uljanowa bestätigt es: «Er besuchte das Kino nie und Theater oder Konzerte selten.» (Zit. nach: Jean Fréville, *Lénine à Paris,* a.a.O., S.165.)

203 «Ich gehe jetzt öfter ins Theater: ich habe mir ein neues Stück von Bourget angesehen, ‹La barricade›. Reaktionär, aber interessant.» Brief vom 12. Januar 1910 an Maria Uljanowa (*Werke* Bd. 37, a.a.O., S.387).

204 Siehe oben, Kap. 11.

205 In einem Brief vom 2. Januar 1910 schreibt Lenin an seine Schwester Manjascha (Maria Uljanowa), dass ihm der Besuch des Musée Grévin in Paris «sehr, sehr gefallen hat» (*Werke* Bd.37, a.a.O., S.383).

206 Raoul Hausmann: «Alitterel – Delitterel – Sublitterel», in: *Der Dada I* (Berlin, 1919), S.3. Faksimile in: Raoul Hausmann, *Am Anfang war Dada* (Steinbach / Giessen, Anabas Verlag Günter Kämpf, 1972), S.143.

207 «Si nous avons un bon conseil à vous donner, c'est d'établir des camps de concentration destinés aux parasites de l'art …», «Ce qu'il ne faut pas dire sur l'art», in: *La vie des lettres,* nouvelle série, 7. Jg., Bd. 3 (Paris, Januar 1921). Zit. nach: Ribemont-Dessaignes, *Dada – Manifestes …,* a.a.O., S.29.

208 Eintrag vom 12. Juni 1916 im Tagebuch von Hugo Ball, *Die Flucht aus der Zeit,* a.a.O., S.92.

209 *ibd.*

210 Das «Manifest des Herrn Antipyrine» wurde auf der ersten Dada-Veranstaltung in Zürich (Waag-Saal) am 14. Juli 1916 vorgetragen. In: *Sieben Dada Manifeste,* a.a.O., S.14.

211 Tristan Tzara, «Dada Manifest 1918» in: *Sieben Dada Manifeste,* a.a.O., S.25.

212 *ibd.,* S.18.

213 *ibd.,* S.21

214 *ibd.,* S.22.

215 *ibd.,* S.26.

216 «Herr Aa der Antiphilosoph schickt uns dieses Manifest» wurde am 22. Mai 1920 beim Dada Festival im Saal Gaveau in Paris vorgetragen. In: Tristan Tzara, *Sieben Dada Manifeste,* a.a.O., S.36.

217 Walter Serner, *Letzte Lockerung manifest dada,* a.a.O., S.201.

218 *ibd.,* S.200.

219 Briefe vom 3. März 1918 und 30. Juni 1917 an Otto Schmalhausen. In: George Grosz, *Briefe 1913–1959* (Hamburg, Reinbek, 1979), S.58 und S.54.

220 Schreibt Hanne Bergius («Le rire de Dada», a.a.O., S.84), als sie eine Stelle in Raoul Hausmanns Text «Dada ist mehr als Dada» zusammenfasst, der 1920 in *De Stijl* publiziert und in *Am Anfang war Dada* (Steinbach / Giessen, Anabas Verlag, 1972, S.88) erneut gedruckt wurde.

221 Der «Prozess» fand am 13. Mai 1921 statt. Diese Anklagerede hätte in der Nr. 21 von *Littérature* erscheinen sollen, die aber nicht herausgegeben wurde. Ribemont korrigierte darin die Auszüge trotzdem, die Michel Sanouillet vierundzwanzig Jahre später als Faksimile in seinem *Dada à Paris* reproduziert hat (Paris, Jean-Jacques Pauvert, 1965), S. 577–591. Der Text findet sich auch in: Georges Ribemont-Dessaignes, *Dada – Manifestes ...*, a. a. O., S. 40.

222 «... je préfère la chaîne du vitriol. Il n'est rien qu'on ne puisse détruire.» «Plaisir secret», als Text im *Katalog* vom Salon Dada im Juni 1921 in Paris. Zit. nach: Ribemont-Dessaignes, *Dada – Manifestes ...*, a. a. O., S. 43.

223 «Dada n'est plus un jeu. Il n'y a plus de jeu nulle part. Il n'y aura plus de jeu nulle part, mais une terreur sans nom devant tout ce qui est pourri, devant ce qui crânait encore et que DADA a détruit et détruira ...» «Manifeste à l'huile», vorgetragen an der Dada Soiree vom Samstag, 27. März 1920, im Theater de l'Œuvre. In: Ribemont-Dessaignes, *Dada – Manifestes ...*, a. a. O., S. 15.

224 Wie etwa der Autor (R. Portal) des Artikels «U. R. S. S. – Histoire» in der *Encyclopaedia universalis* (Paris, 1968–1975), Bd. 16, S. 524, schreibt.

225 A. Efros, «Dada», in: *Sovremennyi zapad*, Nr. 3, 1923. Zit. nach:

Marzio Marzaduri, *Dada russo*, a. a. O., S. 35.

226 Zit. nach Nina Gourfinkel, *Lénine*, a. a. O., S. 159. Vgl. auch Lenins Artikel «Revolutionäres Abenteurertum» in der *Iskra* Nr. 23 vom 1. August 1902 (*Werke* Bd. 6, a. a. O., S. 178–199), in welchem er «Terror» und «Terroristen» als grosses «Übel» verurteilt.

227 Franz Toussaint, *Lénine inconnu*, a. a. o., S. 127.

228 Zit. nach: Edward Hallet Carr, *The Bolshevik Revolution* (1917–1923) (London, Macmillan & Cie, 1950); in der französischsprachigen Ausgabe: *La révolution bolchevique* (1917–1923), Bd. 1: La formation del'U. R. S. S. (Paris, Ed. de Minuit, «Arguments», 1969), S. 159.

229 So das Zeugnis von Trotzki, der sich 1924 daran zu erinnern glaubt, dass dieser Beschluss betreffend Abschaffung der Todesstrafe «bereits am Morgen des 25. Oktober» angenommen worden war, von welchem Gremium, weiss er nicht mehr («vermutlich vom revolutionären Kriegskomitee», sagt er), und dies somit als «die erste gesetzgeberische Handlung der Revolution» angesehen werden kann. In: *Lénine* von Leo Trotzki (Paris, P. U. F., 1970), S. 130–131.

230 Paris, Aubier-Montaigne, Bd. 1: 1967; Bd. 2: 1976.

231 «En prenant *tout le pouvoir*, les soviets peuvent encore aujourd'hui, et c'est probablement leur dernière chance, assurer le déveoppement *pacifique* de la révolution.» Zit. nach: Marc Ferro, *La révolution de 1917*, Bd. 2, a. a. O., S. 366, Anm. 8. Ferro gibt als Quelle die *Protokoly central' nogo komiteta REDRP (b), avg. 1917–febral 1918* [Protokolle des Zentralkomitees der bolschewistischen Partei, August 1917–Februar 1918] (Moskau, 1958) an.

232 Mare Ferro, *La révolution de 1917*, Bd. 2, a. a. O., S. 366.

233 Gustave Welter, *Histoire de Russie,* a. a. O., S. 359.

234 Lenin, *Werke* Bd. 26, a. a. O., S. 413.

235 Lénine, *Werke* Bd. 26, a. a. O., S. 503 und Edward Hallet Carr, *La révolution bolchevique* (1917–1923), Bd. 1, a. a. O., S. 163.

236 Dokument Nr. 145 in: *Werke* Bd. 35, a. a. O., S. 309.

237 «An das ZK der Kommunistischen Partei Russlands», in: *Werke* Bd. 27, a. a. O., S. 314.

238 Brief Nr. 149, datiert vom 26. Juni 1918, in: *Werke* Bd. 35, a. a. O., S. 313.

239 Brief Nr. 160, *ibd.,* S. 325.

240 Telegramm Nr. 161, *ibd.,* S. 326.

241 Edward Hallet Carr, *La révolution bolchevique,* Bd. 1, a. a. O., S. 169. Vgl. Telegramm Nr. 166 (Werke Bd. 35, a. a. O., S. 331), in welchem Lenin das Exekutivkomitee von Liwny anweist, «Geiseln aus der Mitte der Reichen zu verhaften und sie so lange festzuhalten, bis in ihrem Amtsbezirk alle Getreideüberschüsse erfasst und abgeliefert sind».

242 Telegramm Nr. 164, in: *Werke* Bd. 35, a. a. O., S. 329.

243 Telegramm Nr. 165, *ibd.,* S. 330.

244 Telegramm Nr. 166, *ibd.,* S. 331.

245 Telegramm Nr. 167, *ibd.,* S. 332.

246 Gustave Welter, *Histoire de Russie,* a. a. O., S. 362.

247 Edward Hallet Carr, *La révolution bolchevique,* Bd. r , a. a. O., S. 169.

248 Jacques Baynac, *La terreur sous Lénine,* a. a. O., S. 77.

249 Edward Hallet Carr, *La révolution bolchevique,* Bd. 1, a. a. O., S. 172.

250 Jacques Baynac, *La terreur sous Lénine,* a. a. O., S. 78 und 79.

251 Edward Hallet Carr, *La révolution bolchevique,* Bd. 1, a. a. O., S. 169.

252 Jacques Baynac, *La terreur sous Lénine,* a. a. O., S. 79.

253 *ibd.*

254 *ibd.,* S. 43–44.

255 Edward Hallet Carr, *La révolution bolchevique,* Bd. 1, a. a. O., S. 164.

256 Gustave Welter, *Histoire de Russie,* a. a. O., S. 364–365.

257 Zit. nach: Sartre in *Situations I* (Paris, Gallimard, 1947), S. 208.

258 Zit. nach: Jacques Baynac, *La terreur sous Lénine*, a. a. O., S. 74.

259 *ibd.*, S. 132.

260 *Le Matin* vom 8. Januar 1928, zit. nach: Jacques Baynac, *La terreur sous Lénine*, a. a. O., S. 74, Anm. 1.

261 Jean Elleinstein, *Geschichte des «Stalinismus»* (Westberlin, VSA, 1977), S. 10–11.

262 Gustave Welter, *Histoire de Russie*, a. a. O., S. 372. Der Bericht, der 1922 in Genf vom Völkerbund veröffentlicht wurde, spricht bereits von 1250000 bis 3000000 Toten und von der «schlimmsten» von «allen Hungersnöten, die im Europa der Neuzeit vorgekommen sind».

263 Zit. nach: Jacques Bersani, «Dada ou la joie de vivre», a. a. O., S. 100.

264 Clément Pansaers, «Dada et moi», in der Spezialausgabe «Dada, sa naissance, sa vie, sa mort» der Zeitschrift *Ça ira!* (Anvers, November 1921), abgedruckt in: Clément Pansaers, *Bar Nicanor et autres textes dada*, hrsg. von Mare Dachy (Paris, éd. Gérard Lebovici, 1986), S. 199.

265 Kenneth Coutth-Smith, *Dada* (London, Studio Vista; New York, Dutton, 1970), S. 45.

266 «A Zurich je ne l'avais pas encore lu, mais je le connaissais déjà … Son esprit était si vivant qu'il nous parvenait indirectement, imprégnant l'atmosphère en quelque sorte. Sa moquerie universelle, son nihilisme, son sens de l'inutilité des hiérarchies morales et philosophiques, sa haine des bourgeois nous les ressentions de notre côté. (…) L'Esprit nouveau d'Apollinaire vient en droite ligne de Jarry, ce sens de l'umour, sans ‹H›, et sans rire, fondement de l'humour dada. Jacques Vaché était un fervent de Jarry. Il nous a tous influencés.» «Jarry est vivant», Äusserungen, die von Jean-François Rollant gesammelt wurden, in: *France-Observateur* vom 18. März 1958, S. 17. Ebenso in: *Œuvres complètes* von Tristan Tzara, Bd. 5 (1924–1963), a. a. O., S. 413.

267 Siehe oben, S. 116–121.

268 Eintrag vom 14. März 1916 im Tagebuch von Hugo Ball, *Die Flucht aus der Zeit*, a. a. O., S. 79.

269 Alfred Jarry, *Ubu*, Stücke und Schriften, Hrsg. Klaus Völker (Frankfurt am Main, Zweitausendundeins, 1987), S. 64 und S. 54.

270 «Ein anderes Merkmal zeichnete den Roten Terror aus und verlieh ihm einen besonderen Charakter: er wurde ausschliesslich im Dunkeln angewandt», schreibt Gustave Welter in seiner *Histoire de Russie*, a. a. O., S. 362.

271 Gustave Welter, *Histoire de Russie*, a. a. O., S. 363.

272 *Déjà jadis*, a. a. O., éd. Julliard S. 51–52.

273 Michel Corvin, «Le théâtre Dada existe-t-il?» in: *Revue d'histoire de théâtre*, 23. Jg., Bd. 3 (Paris, Juli–September 1971), S. 230 und 231.

Über die Beziehungen dieses Theaters mit Ubu Roi, siehe: Frank Jotterand, *George Ribemont-Dessaignes* (Paris, Seghers, 1966), S. 44–45.

274 Gilbert Compte, *La révolution russe par ses témoins* (Paris, la Table Ronde, 1963), S. 316.

275 Eintrag vom 12. Juni 1916 im Tagebuch von Hugo Ball, *Die Flucht aus der Zeit*, a. a. O., S. 92.

276 Alfred Jarry, *Ubu*, a. a. O., S. 65.

277 *ibd.*, S. 88–89 und S. 75.

278 J. [Ivan V.] Pouzyna, *Lénine «le Grand»*, a. a. O., S. 23.

279 «Butchered like cattle», Der Ausdruck stammt aus dem Zeugnis der bekannten linken Sozialrevolutionärin Ismailowitsch, die damals inhaftiert war. In: *The Kremlin behind prison bars* (hrsg. von der Partei der linken Sozialrevolutionäre, Berlin «Skify», 1922). Zit. nach: Sergey Petrovich Melgounov, *The red terror in Russia* (Wes tport / Connecticut, Hyperion Press, [1926] Neuaufl. 1975), S. 58.

280 In: *Tsche-Ka,* Materialien über die Ausserordentliche Kommission, Hrsg. Zentral-Büro der sozialrevolutionären Partei, Berlin, 1922. Zit. nach: Jacques Baynac, *La terreur sous Lénine*, a. a. O., S. 91. Siehe auch: Melgounov, a. a. O., S. 59.

281 Jacques Baynac, *La terreur sous Lénine*, a. a. O., S. 87. Auch: Melgounov, a. a. O., S. 55.

282 Jacques Baynac, *La terreur sous Lénine*, a. a. O., S. 87. Auch: Melgounov, a. a. O., S. 54.

283 Jacques Baynac, *La terreur sous Lénine*, a. a. O., S. 92. Auch: Melgounov, a. a. O., S. 60.

284 In: *Tsche-Ka*, a. a. O., Kap. VIII, publiziert von Jacques Baynac, *La terreur sous Lénine*, a. a. O., S. 158.

285 Jacques Baynac, *La terreur sous Lénine*, a. a. O., S. 39 bis 40.

286 Dekret des Rats der Volkskommissare vom 14. April 1918 in: *Werke* Bd. 35, a. a. O., Anm. 244, S. 565.

287 So der Wortlaut eines Beschlusses vom Juli 1918, in dem das Volkskommissariat für Bildungswesen angewiesen wurde, die Ausstattung der Strassen und öffentlichen Gebäude Moskaus und Petrograds mit allen Mitteln zu beschleunigen; vgl. Dekret vom 14. April 1918. Zit. nach: Bd. 35 der *Werke*, a. a. O., Anm. 244, S. 565.

288 Telegramm vom 18. September 1918 an Lunatscharski, in: *Werke* Bd. 35, a. a. O., S. 336.

289 Jean-Michel Palmier, *Lénine, l'art et la révolution*, a. a. O., S. 481.

290 Anatoli Wassiljewitsch Lunatscharski, Vorwort zu *Lénine et la littérature*, von M. Bekker (1929). Zit. nach: Jean-Michel Palmier, *Lénine, l'art et la révolution*, a. a. o., S. 489.

291 Zit. nach: Adolphe Nysenholc, *Charles Chaplin ou la légende des images* (Paris, Méridiens Klincksieck, 1987), S. 164. Die Richtigkeit dieser Annäherung bestätigt auch Clément Pansaers: «Das Beste von Charlie Chaplin kam nicht an Père Ubu heran» («La vie à Paris» *Ça ira!* Nr. 17, Anvers, März 1922, abgedruckt in: *Bar Nicanor et autres textes dada*, a. a. O., S. 205).

292 Rede auf einer Kundgebung im Simonow-Unterbezirk am 28. Juni 1918. In: *Werke* Bd. 27, a. a. O., S. 493. (Hervorhebung vom Autor.)

293 Telegramm vom 19. November 1917 an das Präsidium des Moskauer Sowjets der Arbeiter- und Soldatendeputierten, in: *Werke* Bd. 35, a. a. O., S. 303.

294 Siehe Gustave Welter, *Histoire de Russie*, a. a. O., S. 358.

295 Flugschrift, abgedruckt in *Littérature* Nr. 17 (Dezember 1920), S. 20; aufgenommen auch als Schluss von § 15 des «Manifestes über die schwache Liebe und die bittere Liebe». In: Tristan Tzara, *Sieben Dada Manifeste*, a. a. O., S. 55.

296 «Lenin lacht» in: Louis Fischer, *Das Leben Lenins*, a. a. O., S. 489.

297 Eintrag vom 12. Juni 1916 im Tagebuch von Hugo Ball, *Die Flucht aus der Zeit*, a. a. O., S. 91.

298 «Proklamation ohne Anspruch» wurde am 8. April 1919 anlässlich des 8. Dada-Abends in Zürich, im Kaufleuten-Saal, vorgetragen. In: Tristan Tzara, *Sieben Dada Manifeste*, a. a. O., S. 30.

299 «Pourquoi s'obstiner? / il n'y a rien, / il n'y a jamais rien eu …» In: *Littérature* Nr. 13 (Paris, Mai 1920).

300 «Vous ne savez pas qu'on peut n'être attaché à rien et être joyeux», «Dada doute de tout», «Il n'y a rien à apprendre, rien à enseigner, pas de connaissance, pas de verité». «Les plaisirs Dada», *Littérature* Nr. 13 (Paris, Mai 1920), «Artichauts», *Dadaphone* (*Dada* Nr. 7, März 1920), «Ce qu'il ne faut pas dire sur l'art», *La Vie des Lettres*, Neue Serie, 7. Jg., Bd. 3, Januar 1921; all dies abgedruckt in: Ribemont-Dessaignes, *Dada – Manifestes …*, a. a. O., S. 14, 18 und 29.

301 Tristan Tzara in *Littérature* Nr. 13 (Paris, Mai 1920), S. 3.

302 Gustave Welter, *Histoire de Russie*, a. a. O., S. 375.

303 J. [Ivan V] Pouzyna, *Lénine «le Grand»*, a. a. O., S. 87 und S. 88.

EDITORISCHE BEMERKUNG
ZUM WERK VON DOMINIQUE NOGUEZ

Der kuriose Forscher

> *Die beste Waffe gegen den Mythos ist in Wirk-*
> *lichkeit vielleicht, ihn selbst zu mythifizieren,*
> *das heisst einen künstlichen Mythos zu schaffen.*
> (Roland Barthes, *Mythen des Alltags*)

Der 1942 in der Normandie geborene Autor von «Lenin dada» schreibt, seit er in der Eliteschule «Ecole
Normale Supérieure» das *Lesen* gelernt hat. Sein Schreiben begann in den siebziger Jahren mit Texten über
die Bildsprache vor allem des experimentellen und
avantgardistischen Kinos. Der erste Satz seines ersten
Buches, «Le cinema, autrement», 1977, lautet: «Voici
comment ce livre *bouge*. Il est fait comme un long zoom
avant.» Zwischen der Welt und dem Ich vermittelt das
Sehen, die Sprache und die Frage: Unter welchen Be-
dingungen kippt Realität in Fiktion, kann umgekehrt
Imaginäres Wirklichkeit werden? In genau diesen Zwi-
schenraum richtet Dominique Noguez sein Zoom.

Als 1987 die frankophile Welt von Harare ostwärts
bis Marseille des fünfzigsten Todestages des Dichters
Arthur Rimbaud gedachte, durchbrach Dominique Noguez die literaturwissenschaftliche Ignoranz der Pariser Intelligenz, die dem Nationalheiligtum Frankreichs

unkritisch, ja willenlos zu Füssen lag. In seinem Essay «Les trois Rimbaud» wies er nach, dass der Stil des *reifen* Rimbaud («Les Nuit d'Afrique»; «Evangile noir») schon in den *vergessenen* Frühwerken «Le Bateau ivre» und «Les Illuminations» fassbar ist. Auch der Kulturpessimismus des alten, 1937 in Charleville gestorbenen Patriarchen, wie er etwa in «Système de la vie moderne» zum Ausdruck kommt, ist bereits in den Gedichten des Jünglings angelegt. Zehntausend Bände Sekundärliteratur der Rimbologen wurden so über Nacht zu Altpapier.

Doch die Lücken, die von diesem literaturwissenschaftlichen Eclat in die Gestelle der Bibliothèque nationale gerissen wurden, klafften nicht lange. Kaum hatte er nämlich die Rimbologen widerlegt und erledigt, ortete Dominique Noguez als unermüdlicher Schüler von Roland Petitdoigt einen anderen blinden Fleck der Mythen produzierenden Kunst- und Politikwissenschaften. Nach zweijährigem Quellenstudium legte er 1989 das Resultat dieser Forschung vor: «Lénine dada». Das Buch räumt nicht nur auf mit den tausendfach überlieferten Lenin-Legenden, sondern begründete dank der strikten Authentizität der zitierten Quellen und Dokumente ein neues Genre fiktionaler Literatur:

Die Fiktion, bei der alles wahr ist.

Verständlich, dass Dominique Noguez seither immer seltener an der Sorbonne gesehen wird, wo er Literatur und Filmästhetik lehrt. Denn bereits im Frühjahr 1990 veröffentlicht er den dritten (und vorläufig letzten) Streich in der Reihe seiner «mehr oder weniger gelehrten Studien», diesmal über die Kommunikabilität des Regenschirms, eine «Sémiologie du Parapluie». Zu Recht – andere mögen sagen: endlich – widmet er diesen Essay Roland Petitdoigt, dem grossen Forscher und Freund von Sartre, Beauvoir, Althusser, Barthes und Leiris. Tatsächlich hat Dominique Noguez in Petitdoigt, der bis Ende März 1989 das Pariser CERDAM, das «Centre de recherche pour le développement et l'apothéose de la modernité» (Forschungszentrum für die Entwicklung und Vergötterung der Modernität) geleitet hatte, gewissermassen einen geistigen Übervater gefunden. Den Autor von «Lenin dada» vorzustellen, ohne auf seinen Lehrer und Förderer hinzuweisen, ist, als politisierten die Marxisten-Leninisten in Unkenntnis der Zürcher Periode von Lenin.

Wie Petitdoigt ist Dominique Noguez Ausdruck seiner Zeit. Wie jener spricht dieser «pointiert» (will sagen: «präzis»), auf die Gefahr hin, von den Spiessern missverstanden zu werden. Und beide gingen und gehen der Modernität auf den Grund und darunter: Während jener in der Nacht vom 31. März auf den 1. April 1989 in seiner Bibliothek aus purem Zufall von mehreren hundert semiotischen Werken erschlagen wurde, forscht, denkt und schreibt Dominique Noguez weiter; verblüfft über die Resultate ist er manchmal auch selber.

189

INHALT

I   EINE BRISANTE OFFENBARUNG 7

II   WLADIMIR ULJANOWS SCHWÄCHE FÜRS CABARET 15

III   ZÜRICH IM FEBRUAR 1916 27

IV   BEGEGNUNGEN UND RÄTSEL 37

V   NEUE HYPOTHESE ÜBER DEN URSPRUNG VON «DADA» 49

VI   EINE FRAPPANTE GRAPHOLOGISCHE ENTDECKUNG 59

VII TZARA, DALÍ UND LENIN 75

VIII LENIN – DER RUSSISCHE DADAIST 97

IX   DADA-POLITIK UND DAS PRINZIP WIDERSPRUCH 107

X   DER LENINISMUS ALS ANTI-KUNST 115

XI   «ES GIBT EINE GROSSE DESTRUKTIVE ARBEIT ZU VERRICHTEN» 125

XII LENINISMUS UND PATAPHYSIK 139

XIII DER WAHRE SINN DER RUSSISCHEN REVOLUTION 155

ANMERKUNGEN 163

EDITORISCHE BEMERKUNG ZUM WERK VON DOMINIQUE NOGUEZ 187